培养主动的阅读者

张　玲◎著

初中语文阅读教学的
理念探寻和实践探索

天津社会科学院出版社

图书在版编目（CIP）数据

培养主动的阅读者：初中语文阅读教学的理念探寻
和实践探索 / 张玲著. -- 天津：天津社会科学院出版
社，2024. 9. -- ISBN 978-7-5563-1013-5

Ⅰ. G633.332

中国国家版本馆 CIP 数据核字第 2024573NF8 号

培养主动的阅读者：初中语文阅读教学的理念探寻和实践探索
PEIYANG ZHUDONG DE YUEDUZHE:CHUZHONG YUWEN YUEDU JIAOXUE DE
LINIAN TANXUN HE SHIJIAN TANSUO

选题策划：	柳　晔
责任编辑：	柳　晔
装帧设计：	高馨月
出版发行：	天津社会科学院出版社
地　　址：	天津市南开区迎水道 7 号
邮　　编：	300191
电　　话：	（022）23360165
印　　刷：	高教社（天津）印务有限公司
开　　本：	787×1092　　1/16
印　　张：	15.5
字　　数：	230 千字
版　　次：	2024 年 9 月第 1 版　　2024 年 9 月第 1 次印刷
定　　价：	88.00 元

前　言

　　《义务教育语文课程标准(2022年版)》"文学阅读与创意表达"任务群中提到教学要"引导学生成长为主动的阅读者、积极的分享者和有创意的表达者"。本书著者张玲老师的所思、所行、所研无不围绕着"引导学生成长为主动的阅读者"而努力。

　　如果您是一位语文教师,当您读到这本书时,您一定不会觉得陌生,因为这本书是关于语文教学重地"阅读教学"的相关研究与实践,而且研究与实践中多是一线教学的经验和做法;您也一定会有所收获,除了经验和做法,书中还有张玲老师的解疑与破困、反思与践行……

　　张玲老师是一位朴实而勤奋的语文老师,内心对语文教学有着执著的追求,对教师这一职业有着坚定的热爱。应该说,教师对她而言不只是职业,更是从小扎根心中的理想。这本书就是她坚定热爱、不懈追求留下的串串足印。

　　无论是课内阅读,还是课外阅读,张玲老师进行了丰富的教学实践,从人教版老教材"我质疑我发现"阅读教学到部编本新教材"单元整合教学""任务群教学";从"三班小讲堂"开启学生读书活动的先河到"活动态"阅读课程的构建,张老师聚焦阅读教学,从学生的成长需要出发,依托活动、任务、项目等激发学生阅读兴趣,引导学生掌握阅读方法,训练学生阅读思维,提升学生阅读品质,以多样化的活动方式推动学生阅读的生态化,实施多样的适合学生灵性发展的阅读活动,使生命个体逐步实现了阅读的最优化。

　　书中清晰地展示了张玲老师作为一名研究型教师的成长历程。第一,理念先行。教育教学水平的提升离不开理论的学习。教师站得高,才能帮助学生走得远。张老师的可贵之处就在于始终坚持理论的学习,不断研究先进理念,正如书中所说的那样,要想培养学生成为主动的阅读者,教师首先得是主动的阅读者。从以教师为中心到以学习者为中心,教学理念在张玲老师的脑海中不断清晰。第二,重在实践。在先进理论、理念的指导下,语文教师应在课堂教学中勇于创新、大胆实践。也许现在看来,张玲老师的一些做法,不少老师也在做,但亲自观摩过张玲老师阅读课的人都有体会:老师的引导是敏锐、精炼的,学生的表现是能说会道的,教学过程设计还总有令人意想不到的……多个全国大赛的一等奖正说明张玲老师是功到自然成。第三,善于学习。语文教师除了要向书本学习,还应善于向他人学习。一位好的语文教师一定是乐于听课、善于听课的。在常态的教研与交流中,我发现张玲老师听课、观课往往能从小处着眼,从教师语言、学习活动、学习评价等细节入手,发现问题,寻求突破,从细节入手规范教师教与学的行为,提高教与学的效果。小问题也可为大课题,这是便于操作的注重实效的研究路径。第四,敢于融合。强化传统文化教育、开发课程建设、巧用信息技术、落实课程思政、开展跨学科学习等,张玲老师的研究和实践不断拓宽阅读教学的领域,丰富阅读教学的内涵,也收获了多样的研究成果。

此书是张玲老师对自己语文教学研究与实践的阶段性梳理和总结,在此也希望张老师不断丰富和完善自己的成果,不断发展成果的基础理论,不断提高成果系统性和操作性,进一步扎根实践,带动区域教师,共研共行,在阅读教学方面结出更丰硕的果实。

天津市教科院课程教学研究中心　　龚占雨

目　录

第一章　以知领读,探寻理念指导

第二章　以行促读,探秘方法策略

第三章　以评引读，推动课堂实践

第四章　知行合一,探索多样成果

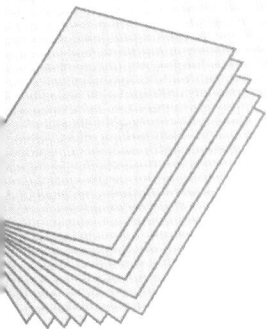

第一章

以知领读, 探寻理念指导

第一节 学习中心理念的"上下求索"

第01篇 理念的探寻

教学改革实现课程目标的重要环节，是课程改革的核心内容，更是关系课程改革成功与否的关键。而教学改革的成败首先要看是否有先进的科学的教学理念作引领。在教学改革与实践中，教学中心论的相关研究可以说是最受一线教育教学工作者所瞩目的，它大体经历了三个阶段：以"教"为中心—以"学生"为中心—以"学习"为中心。而笔者在教学上的理念探寻也大致经历了这三个阶段。

在新课程改革的浪潮中，笔者走上了三尺讲台。因为对教师这一职业的坚持，笔者从未停止过教育教学上的思考、探索、研究、实践。从最初教学环节的不断修正，到初步形成自己特色的教学模式；从最初教学内容的科学选取到不断修炼自己的解读功力，进而引导学生不断向语言文字深处漫溯……最初，我们总是从研究怎么教和教什么，但很少探寻教学理念的选择和确立。回看最初的自己，教学实践的探索主要是以教学为中心的理念下对"教"进行了多番的探赜。

后来，由于对儿时语文教师的感念，自己日益关注对学生学习兴趣的激发、学习习惯的养成和学习能力的培养方面，进而关注学生的心灵成长，"学生需要丰富的是大脑，需要润泽的是心灵"，成为那时笔者独创并坚持的教育教学理念。聚焦教学，学生自主学习得以在我的课堂彰显。"我发现我质疑"成为不成熟的教学模式探索。课上，笔者总是引导学生自己先完成课文的初读任务,分享初读感受,发现课文学习的兴趣,找出课文学习的问题,然后经过笔者的引导,学生聚焦重难点问题进一步探究学习。因此在课上,学生的发言是积极的,学生的阅读是主动的,久而久之,学生的阅读能力特别是表达能力都有显著的进步。此时,笔者已将教学理念"从以教为中心"转移到"以学生为中心"上。

进入初中,笔者对学生学习效果有了更加严格的要求,因而对教学理念有了进一步的思考。以学生为中心的课堂,的确尊重了学生学习的自主性,有利于学生自主学习能力的培养,但是它也产生了一些问题,例如表面的热闹氛围、不可控的学习节奏、无法把握的学习方向、日渐模糊的教师角色等,这些都影响学生的学习效果。如果不讲学习效果,只追求学生主体,这样的学习很可能变成虚假的学习、形式上的学习。所以,笔者将研究的重心逐渐转移到以学习为中心的教学理念上。以学习为中心,教学实践就要聚焦学习的目的、学习的行为、学习的效果等要素,这不再只是学生的事,而是教师和学生的事。在学习过程中,教师和学生的地位和作用都显得尤为重要,教师主导,学生主体,双主角色互相发挥作用,构成了一个有机整体,共同促进学生的有效学习。

第02篇 以学生之名一

以学习为中心的教学理念,让我们不断追求之并实践之。虽卓有成效,但也要保持警惕,警惕以学生之名行"师本"之实。

今天有幸观摩了五节课,讲的都是《精卫填海》,收获颇丰,真是幸甚至哉!特别对学生中心理念的实践更引起了笔者的思考。

片段一——上课伊始,朗读课文

文言文的学习一般都是从"读"开始,第一遍的读尤为重要,这一步起到校准读音、把准停顿的作用,是学生精准学习的起点。

为了体现以学习为中心，老师一般采用指名读的方法："哪位同学愿意为大家读一遍课文?"同学举手，老师指名朗读。但是在朗读过程中，学生误将"女娃"读成"女娲"，教师纠正，学生再读。从后面的学习过程中看，这个字被学生多次读错，即使教师特别安排一个环节：可爱地呼唤"女娃"的名字，但是学生还是有读错的，可见学习的第一印象多么重要。

第二位教师在这一环节直接采用范读的方法，由老师为大家读一遍课文，学生学着老师的样子练读，整节课下来学生没有读错的。

第三位老师在这一环节也是先让学生读，只是第一个学生没有读错"女娃"，后面的学习中其他学生也没有读错。

以学习为中心，教师心中要有学生，须准确预设学生学习可能遇到的困难和问题，显然第一位老师面对学生的问题进行了及时纠正，这是好的，但是对学生这一可能出现的问题预设不足，干扰了学生学习的第一印象，进而影响了学习效果。第二位老师虽然范读，看似没有让学生展示，但起到了引领作用，有效地帮助学生规避了可能出现的问题。第三位老师指名读的学生没有出错，是幸运还是教师对学生的有效观察呢? 我们不得而知，特别是换班上课时，教师一定要有一双明亮的眼睛。

片段二——上课中期，品读文句

几节课中教师都引导学生探讨了一个问题，即大海会对精卫说什么?精卫会对大海说什么? 几位教师的问题表述略有差别。

一位教师列举了大海看到精卫后说的话，形象生动，具有故事性，学生延展精卫说的话，他们的情感被充分调动起来。在后面讲故事的环节，学生基本用到了教师列举的关于大海的话。

一位教师在学生想象了精卫会经历哪些艰辛后直接问："大海会对精卫说什么? 精卫会对大海说什么?"学生思考片刻，也能回答，但语言不似前面教师写得那么精彩，课堂的气氛平平。

一位教师也是在学生想象了精卫会经历哪些艰辛后，引导学生思考大海和精卫之间的对话，并演绎出来，一下子点燃了课堂气氛。大海的嚣张与轻蔑，精卫的坚定与内敛，都在学生演绎的对话中被展示了出来，学生的语言体现了他们年龄特点的灵动,后来讲故事的环节,学生们表现得非常精彩。

同样的问题,几位教师有不同的处理方法,哪一个更体现了以学习为中心呢?第一位教师为了充分调动学生的情感,同时为了降低学生思维的难度,运用了教师引读的方式,再配以音乐的渲染,学生的情感被激发,但是从后面讲故事的环节看,学生的思维又被教师之前的"露一手"牵着走了。第二位教师教学中虽设计了这个问题,但是似乎没有预估到学生会出现思维上的停滞,在简短的牵扯下,学生才说出了答案。第三位教师用了学生喜欢的方式"演一演",刺激了学生的思维,从而降低了这个问题对于学生的难度。

这个片段中,教师的出场似乎并不是那么需要了,但教师不出手,学生也可能遇到问题,那么用学生喜欢的方法来组织学生学习,以刺激学生思维方式的改变,为学习搭建支架,这是需要在教师备课时要充分预估学生的学情,进一步用心设计。

片段三——上课结尾,主旨升华

一位教师在提炼完精卫的精神后就拓展阅读关于精卫的其他诗篇,但对于为什么有那么多文人墨客写到精卫这一问题,教师并没有带着学生探究,然后是引导学生背诵课文,通过几个步骤,学生们实现了在课上背诵课文。

另一位教师在学生讨论"你看到了怎样的精卫"后,联系到在中华人民共和国成立70周年阅兵式上天津彩车有一只一飞冲天的精卫鸟,教师引导学生思考为什么如此看重精卫,学生在教师的启发下领悟到天津人民迎难而上、攻坚克难的精神。

还有一位教师在学生讨论"这是一只怎样的精卫鸟"后,总结出了抗争精神,然后又延展到各个神话故事中体现的抗争精神,进而升华为中国精神,此时的学生情绪非常兴奋,大声说出了"中国精神"四个字。教师又因势利导联系到天津火车站的穹顶——一幅精卫填海的画,天津人为建设家乡一代代传承着这种精神。

三位教师对于教学尾声的处理有所不同，哪一种更加体现了学习中心呢？课上背诵课文，学生积累了实实在在的东西，但是几篇诗文蜻蜓点水式的朗读并不会让学生有更多的启发和收获。教师为学而教，必看重学生的发展，有知识上的、技能上的、思维上的，特别是精神上的成长。

民族精神恰恰是神话故事的重要内涵，是区别民间传说的重要特征，神话之所以能流传千古，光耀文史，就是因为其传承的精神——明知不可为而为之的抗争精神。因此，神话故事教学必须就其精神让学生体悟。

相比较三个片段而言，第三位教师提炼了精卫填海的精神，并巧妙地联系了当地生活，延展了地域精神，并延伸到神话故事中的民族精神，正是落实了学生学习神话故事的内核，是促进学生文化自信的重要途径。

第03篇　以学生之名二

怎样的课堂才是以学习为中心的课堂呢？这几节课让笔者有了一些浅薄的思考。以学习为中心的课堂一定是关注学生发展的课堂。学生的发展可以分为三个方面：一是知识和能力的发展，二是思维的发展，三是精神的成长。

第一，关注学生知识和能力的发展，那么教师的教学应在正确解读教学内容的基础上设计巧妙科学的学习活动。《中国人失掉自信力了吗》这篇文章最让我们头疼的莫过于理解其"驳论证"的特点，因此不少教师选择模糊这一点、放过这一点。殊不知这一特点正是对学生思维的有力撬动，也是对学生学习议论文已有学习经验的有效检验。所以我们需要在教学中认真对待这一教学内容，首先教师需准确地把握并理解"驳论证"的特点，巧妙地设计学生理解这一特点的学习活动，方是正解。

第二，关注学生思维的发展。一篇文章中提到课堂教学一定要让学生"生命在场"，笔者对这四个字的理解，就是极大限度地激发学生的兴趣，调动学生的思维,关注学生的精神成长……如何让学生的思维在课堂上获得更多的发展?可以从以下几个方面入手。

一是注重文体阅读。因为不同的文体训练学生不同的阅读思维,进而形成一定的阅读能力,例如实用文体阅读注重理解性阅读,训练逻辑思维能力;童话应注重感性阅读,训练的是感受想象的能力,其他文体亦有自己的作用。我们教不同文体时如果不能让学生获得不同的思维锻炼,把所有文章都教成一个模式,那学生在阅读中的思维就被限制了。

在课上也可通过删、改、替、换等方式训练学生的批判思维。例如《怀疑与学问》第一段、第二段可不可以替换位置,其他段落是否可以替换顺序,第六段几个"常常"的顺序可以调换吗,第四段、第六段中的例子可以去掉一个吗,等等。教师引导学生结合语言环境具体分析并说明理由,引导学生进一步走入语言文字进行理解、评判、明辨等,学生的思维活动才容易被激活。

除此之外,教师可引导学生质疑,训练学生的质疑思维。学生质疑,往往揭露了自身知识、能力、思维上的弱点,也是学生迫切需要学习的地方,以学生质疑切入教学,尊重学生想要学习的知识,而不是教给学生自认为应该学习的知识,两种教学路径截然相反,两种教学效果大相径庭。

第三,关注学生的精神成长。笔者认为这是目前课堂教学中仍需继续加强的一个方面,换言之,我们要进一步突出学科育人的作用,研究学科育人可以依托的学习内容和学习活动。在天津市双优课优质课展示活动中一位教师执教《诫子书》,从这一篇家书讲到了家书、家训、家风,乃至后来"家是最小国,国是最大家"作为升华。整节课下来,学生在朗读的熏陶中理解,在文化的浸润中体悟,在情怀的激励下沉思……学生在这节课所收获的不仅是生硬的字、词、句的解释,也不只是老套的道理思想的讲评,而是在家国情怀引领下、与社会生活、家庭生活紧密联系中促发的精神成长。

当然,课堂上学生的精神成长应该是"自然而然"的,不可强拉硬拽,更不能牵强附会,这又回到了第一点,教师需要对教学内容有正确的解读,需要多番思忖,多番求证,多番研讨,不可随意就在课堂上实践,毕竟教师课上给予学生的是一种引领,一种规范。

第二节 新课标理念的"反复思忖"

第①篇 眼前一小步,未来一大步

《义务教育语文课程标准(2022 年版)》(以下称为新课标)的修订掀起了新的一波研究热潮。一时间,素养导向、学习任务群、学业质量标准等概念激起教师强烈的探究兴趣和研究热情。各种问号在教师心中弥漫……新课标对于我们的初中语文教学究竟带来了怎样的变化?

其实新课标提出核心素养,指明学生综合发展的方向;提出学习任务群,引导教师改变教学方式;提出学业质量,明确学生学习的关键学习表现……这些都是为了进一步引导教师从学生的学习出发,关注学生,关注学生的学习,这与学习中心理念是不谋而合的。我们可以结合教学实际,从眼前的一小步做起,不断走通新课标理念落实的未来征程。

一、教学目标的一小步

新课标出台,义务教育阶段的语文教育终于有了自己的核心素养。于是,我们的语文教学必然要在核心素养的指导下继续改革。那么,核心素养如何在教学中体现?回想三维目标刚出现时,为了清晰显示三维目标对教学的指导,不少教师以三维目标中三个维度条例清晰地书写自己每一课的教学目标,不久就遭遇了专家们的一致否定,因为三维目标是一个有机的整体,在实际教学中它们是互相渗透、相互影响、有机统一的。有了核心素养,为了有效落实核心素养,我们是不是也要在教学设计中清楚地写出"素养目标"呢?目标书写上可以体现,但没必要生硬地搞一一对应,分条缕析。因为核心素养也是融合在语文学习过程中,四个方面是相互促进、彼此融合的有机统一。我们还是与平常一样朴素地书写我们的教学目标,只是在目标书写中进一步突出可操作性、可测评性,突出语文实践活动,强调运用与表达,等等。

二、教学设计的一小步

学习任务群如何在教学中实施?不少老师经过学习发现其实它没有那么难,把之前教学中设计的"问题"或"环节"改为"任务"或"活动"即可。

真的是这样吗?学习任务群起码有三个基本遵循:一是核心素养,二是以学习为中心,三是整合性设计。按照新课标"课程理念"的表述,学习任务群是在学生身心发展规律和核心素养形成的内在逻辑的指导下,由特定的学习主题以及主题下具有内在关联的系列学习任务组成,引导学生进行以语文实践活动为主线的学习活动。学习任务群的设计需整合学习内容、学习情景、学习方法、学习资源等要素,体现情境性、实践性、综合性等基本特性。首先,核心素养是学生在语文实践活动中的积累、建构,并在真实的语言运用情境中表现出来的,绝不是教师讲出来就能到位的。其次,情境化是我们需要在教学实践中去努力营造的,特别是解决实际问题的真实情境,让学生能真切体会到语文学习对生活的价值和意义,从而激发学生学习语文的兴趣和热情。再者,任务驱动。教师在设计时不必再追求"只要我讲了",应潜下心来设计学生的任务和活动,虽然这样的学习过程看上去会花费时间,但是确实比口舌之功来得更有效果。而且老师在进行设计时不能只就一课而研一课,应在现行教材的基础上整体设计,从教材到单元再到单课,逐层落实学习任务群的内容和要求,进而完成语文课程目标。

三、教学评价的一小步

新课标里更加突出"课程"的理念，虽然课程被关注了好多年，但坦白地讲，不少教师对于何为课程还是不甚明白。新课标背景下，我们除了要认真研究学习任务群，合理安排课程内容，科学制订教学计划和教学方案外，我们也可以这样理解，课程其实体现了"教、学、评"一体化的理念，不再像传统的教学只关注教师教的行为，而是更加关注学生的行为。因此，评价就成为课程实施过程中不可缺少的一个环节。我们在备课过程中可以认真思考对学生学习的评价，并设计聚焦学生学习过程且不断促进学生发展的评价方式和方法，让学生的学习标准可见，让学生的学习行为可调，让学生的学习成就可感，教师再根据这些评价带来的反馈不断修正自身的教学，以实现语文教学的不断优化。那么，教师在教学设计时能设计出形式多样、活泼有趣的评价方式，也是自身贯彻新课标理念前进的一小步了。

走一步再走一步，积跬步至千里，让我们一起在新课标的指导下为着心爱的语文继续奋进。

第02篇　关于素养型目标设置的几点思考

三维目标时，有些教师依照三个维度直接撰写目标，结果犯了"将目标条目化、割裂化"的"错误"。现在《义务教育语文课程标准（2022年版）》（以下简称新课标）提出核心素养理念，指导我们的教学要培养学生的核心素养，教学中的目标也应指向核心素养，即教学目标向着素养型目标转变。但是我们绝不能简单地将目标按照核心素养的四个方面分为四个内容，或者在目标中分出一个"素养目标"就算形式妥当。单就素养目标而言，其与教学目标还是有着不小的区别。

《新版课程标准解析与教学指导2022年版(初中语文)》这本书,里面有5页的内容专门讲到了"三维目标与核心素养""素养目标与教学目标"。素养目标与教学目标相比是具有一些区别特质的。

一是形成的时间长短不同。素养目标是一个持续发展的连续体,是由无数节课、月、学期的目标构建出的连续体,具有较长的持续性和较强的整合性;教学目标多是在1至2课时、在极短且限定的时间内可能获得的知识集合中的一个单点,呈现的是学科内容中的学点(知识、技能和态度)在质与量上的达成度。

二是综合性与整体性的要求不同。"素养目标"包含了学科内涵、学科结构、学科观念、问题解决、思维方式,强调的是在真实情境中解决实际问题的基础能力,强调的是知识、技能和态度在情境中解决问题的价值与功能。教学目标因其达成时间的限定(多为1至2课时),要求学生的学习行为表现出特定教学内容在质与量上的达成度。所以,只能包含学科中的几个结构性因素,在"这"几个结构性因素中也只包含了特定的1至2个学习内容,课堂上也只能落实1至2个学习内容中的1至2个学习点,很难基于学科内涵、学科结构、学科观念达成这个学科特有的、综合性极强的、整体性的问题解决的综合能力和思维方式。

三是情境性不同。素养目标多是在真实的生活情境中运用知识解决问题的技能、方法与态度的综合表现。教学目标中的情境多是因教学所需,由教师仿照生活现实创设的一种模拟、虚拟情境,以使学生体验在情境中运用已有知识解决新问题、创生新知识的愉悦感,以保持学生持续学习的兴趣与专注力。

以上三点区分,告诉我们素养目标真的不能等同于教学目标。

那么,我们教师如何在教学目标的设定上体现核心素养理念呢? 这里仅对课时的教学目标描述谈谈自己的几点看法。

一、将行为主体由教师变为学生

教师有时在描述教学目标时存在行为主体不清或是行为主体不定的问

题，那么，在核心素养的指导下，教学体现以学生为主体，立足学习中心，因此教学目标也坚定地以学生为行为主体进行表述。如下七年级上册第三单元的《春》的教学目标：

1. 教学生学习本课的生字新词，理解部分词语的含义。

2. 引导学生划分文章结构，用两个字的词语概括每部分大意。

3. 指导学生学习景物描写的方法。

4. 培养学生热爱大自然的情怀，教育学生珍惜时间，刻苦学习。

行为主体往往是指在教学目标描述中隐去的"主语"，从这点看上述目标的行为主体是教师，我们可以改变成以学生为主语，如下：

1. 学习本课的生字新词，理解部分词语的含义。

2. 划分文章结构，用两个字的词语概括每部分大意。

3. 学习景物描写的方法。

4. 热爱大自然，珍惜时间，刻苦学习。

二、将行为实施由"要你学"变为"我要学"

核心素养是学生通过课程学习逐步形成的正确价值观、必备品格和关键能力。立足核心素养的语文教学应尊重并体现"学生学习逐步形成"这一过程的主体性，因此课时的教学目标在描述时应突出学生的自主性作用，减少教师经验中的"指定"，将行为实施由"要你学"变为"我要学"，除了行为主体确定为学生外，还可以试着进行以下的改变，仍以上一目标为例，可以进一步修改为：

1. 自主借助字(词)典解决文中不熟悉字词的读音、字典义，能用自己的话清晰、正确地说出这些词的语境义。

2. 准确划分文章结构，能用自己的话清晰概括每部分大意。

3. 学习景物描写的方法，能从不同角度清晰表达对文中景物描写的理解与分析。

4. 热爱大自然，珍惜时间，刻苦学习，就本篇所获写写自己的体会。

三、将行为效果落脚于"运用"和"表达"

核心素养强调的是学生学了某种知识或者技能之后能做什么,能解决什么问题,那么对于语文学科第四学段而言,这就是学生的运用和表达问题了。我们在表述教学目标时可以侧重凸显一下运用,口语表达,书面表达,等等。如上述目标:

1.自主借助字(词)典解决文中不熟悉字词的读音、字典义,能用自己的话清晰、正确地说出这些词的语境义。

2.准确划分文章结构,能用自己的话清晰概括每部分大意。

3.学习景物描写的方法,能从不同角度清晰表达对文中景物描写的理解与分析。

4.热爱大自然,珍惜时间,刻苦学习,就本篇所获写一写自己的体会。

以上仅仅是素养型目标方面的浅显思考,目标是教学的方向,值得我们进一步深入地思考和探究。

第03篇 "语文学习任务群"和"语文学习任务"

2023年4月10日,笔者聆听了王荣生教授《语文课程标准文本中的"两个关键词"》的讲座,进而学习了他的两篇文章,随后有了以下几点收获。

"任务群"概念自《义务教育语文课程标准(2022年版)》(下文简称新课标)课程标准颁布以来就是教师们迫切想要研究的内容。因为它是独属于语文课程的创新性术语,也带给我们太多的困惑,因此我们想要弄懂它,更想在教学实践中落实它。但王荣生教授告诉我们"少安毋躁",莫要心急。

一、"语文学习任务群"属于国家课程理念

2022年版课程标准颁布后,对于"语文学习任务群"的解读可以说是"众说纷纭"。王荣生教授首先从区分两种"任务群"理念入手,将这些众说纷纭的解读进行了归类。一种是将"语文学习任务群"作为国家课程理念。根据2022年版课程标准所述,义务教育语文课程内容主要以学习任务群组织与呈现。学习任务群由相互关联的系列学习任务组成。它属于国家课程理念。另一种是将其作为单纯的"任务群"理念,这些解读体现了对课程标准理解的个人化观点,是个人或团体在以往教学经验基础上变换的看似体现任务群特点的提升和总结。但是这样也会在可行性方面引来一些质疑。王荣生教授把这些"任务群"理念比喻成时装秀表演中那些"出挑者",要么真的引领了未来风尚,要么一不小心就成为另一种"奇装异服"了。

由此可见,我们应遵守2022年版课程标准中关于"学习任务群"的规定,"语文学习任务群是设计国家语文课程的学习领域、安排语文课程内容的课程理念"。具体而言,我们可以从四个方面去理解:

1. 作为课程内容组织方式的"语文学习任务群"。

2. "语文学习任务群即语文课程学习领域"。

3. "语文学习任务群"内部是"系列语文学习任务"。

4. 以自主、合作、探究式学习为主要学习方式。

那么,为什么在课程标准中要提出"语文学习任务群"这个概念? 我想一个重要原因就是把我们一直以来探索到的,研究到的,再进一步明确的、强化的,那就是突出学习中心,强调以自主、合作、探究为主要学习方式。

二、"语文学习任务群"可不可以设计

语文学习任务群是属于语文课程独创的专有术语,我们又要将它作为国家课程理念,那么语文学习任务群的内容就不能被轻易设计。况且,2022

年版课程标准已经从三大层面为我们划分了六大学习任务群,并明确提出不同学习任务群不同学段的学习内容和教学提示。既然课程标准中已经设计完毕,王荣生教授的建议是我们个人或者团体就不再进行学习任务群的设计。换言之,学习任务群不用设计,而"设计系列学习任务是教材编制者和中小学教师的工作"。笔者认为语文教师还是可以在 2022 年版课程标准设定的六大任务群下进一步进行具体的教学内容结构化设计,包括学习目标、学习内容、学习任务、语文实践活动等。

三、"语文学习任务群"能不能被"基于"

王荣生教授指出,现在不少论文的标题里有"基于任务群"或者"基于学习任务群"等关键词,这是不科学的,"学习任务群"不能被"基于"。我们能"基于"的只有 2022 年版课程标准和教材。我个人的确也有这样标题的论文,因此听了这一观点,我心头一紧,但也心存疑虑。"基于"一词从网络上查询到的意思是"鉴于、由于"的意思,的确,从这个意思出发,"基于任务群""基于学习任务群"的表述不太合适。但是"基于"还有"以……为基础"的意思,从这个角度理解,"基于任务群""基于学习任务群"似乎也讲得通。这些都是个人观点,随着研究的不断深入,我相信教师们也会有自己的认知和思考。不过,笔者今后还是会慎用"基于"这一词语的。

谈到这里,笔者对我们区域已经开始任务群教学探索并不后悔,反而感到自豪,好在我们并没有偏离对于"学习任务群"的基本理解,还没有成为"奇装异服"。教师都是非常理性地在现行教材单元体系内进行着学习任务的设计。但是,我们今后还要把准方向,确定主题,研究目标和内容,设计实践活动,在培养主动的阅读者、积极的分享者、创意的表达者上进一步努力。

第04篇 莫让"任务"空悲切

《义务教育语文课程标准(2022年版)》颁布后,学习任务群的概念横空出世。它既是课程内容,又是教学方式。作为课程内容,我们不好把握,但作为教学方式,我们并不陌生,于是各种任务代替教学环节出现在课堂的学习过程中。这是教师积极践行新课标理念的表现,值得肯定和鼓励。但我们也需要认真思考任务的设置,努力做到以下几点:

一、任务表述应具体

新课标理念下的任务绝不是简单的教学环节的替换。它在表述上应该更具体,包含情境,暗含目标,具有实践性,让学生能够动脑、动手去做,并体现可预见性的成果。有些教师把类似于"整体感知,概括内容"这样的环节当成任务出示,这是不够科学的。这里笔者想要谈及一点,包括教学课件上的内容,呈现给学生的,就是符合学生认知特点,契合学生学习内容的,简明指向学生学习活动的。教师在教学设计或论文中的一些表述不适合出现在课件中。

二、任务概念应准确

例如,一位教师在教学《紫藤萝瀑布》时布置写文案的任务。通过教师的引导,我们发现这位教师所说的"文案"其实就是用一两句话描述学习感受。那么,文案这样理解是否准确? 文案本意是指放书的桌子,后来指在桌子上写字的人。现在指公司或企业中从事文字工作的职位,就是以文字来表现已经制定的创意策略。文案是一个与广告创意先后相继呈现的表现过程、发展过程与深化过程,多存在于广告公司,企业宣传与新闻策划工作等。后来文案延伸到不同行业,不同场合,可以被解读成不同的形式。那么,这样不好把握的概念,我们最好不在教学中作为任务设置的核心概念出现。如果要用,教师需要前期认真研究,将概念准确化。这也是对学生治学态度的良性引领。

三、任务内涵应适切

一位教师在教学八年级上册第一单元"活动·探究"时,组织学生进行新闻采访的任务。当时是现场课,学生需要围绕当天的活动采访现场老师。采访的问题也是由该教师指定,一个是问读书的选择和方法,另一个是问阅读的心得和体会,还有一个是问对当地的感受和收获……我们发现这几个问题之间缺乏必要的逻辑关系。新闻采访不是这样随便的行为,它是为了达到某种目的有针对性地观察、询问、倾听、思索和记录。要是报道当天的活动,报道的重点决定了采访的内容,采访的内容决定了采访的问题,既然采访的主体是学生,学生要对新闻采访有更清晰的把握,采访的主题、重点可以教师来定,但采访的提纲和采访的问题也应是学生去思考、制定的。这也是新闻采访中学生应进行的思维训练,不只是采访过程中应注意的方面。

换言之,我们任务的设置应该如同研读文本一样,深入剖析任务内涵及目标,制定更加适切的任务。

第⑤篇　如此"真实"

《义务教育语文课程标准(2022年版)》提到学习任务群有情境性、实践性、综合性三大特点,创设情境就成为课堂教学改革的重要着力点。创设情境强调真实性,不同研究者对此也不断发表自己的观点和看法。但是我们对创设情境"真实性"的把握还不是那么准确，于是课堂教学中的情境也出现了各种样态。

一、"戏说"式情境

天津市教育科学研究院课程教学研究中心主任赵福楼在第 13 届"人教杯"培训中曾交流，现在课堂教学中的情境创设出现了一种"戏说"的情况，就是老师声称学校组织或者与学校共同组织了什么活动，需要学生完成什么任务，但实际上根本没有这类活动，学生完成的任务将来也用不上。赵福楼主任称这种情境为"戏说"情境。说来惭愧，我也曾在教学中创设指导过此种情境。不过，依托于职业体验的情境也算不得完全"戏说"，说不定能激发学生的一种职业兴趣。

二、"穿靴戴帽"式情境

学生学习《紫藤萝瀑布》时，一位教师创设了这样的情境，让学生根据学习后的感悟写文案，送给在场的教师，然后就在一个个任务下品读课文，直到最后一个环节让学生写文案，中间的各个学习活动和文案没有任何关系。且不说文案这一定义在这一课上是否准确，这一头一尾的情境创设和任务完成似乎跟整个学习过程没有必然的联系及辅助作用。那么这样的情境及任务创设会不会占用了学生的学习时间，从而降低学生的学习效率呢？这样的情境创设难免会有为了情境而情境之嫌疑。"穿靴戴帽"式的情境着实是不可取的。

人民教育出版社中学语文室副主任胡晓老师曾提到，"真实"真的很难真实。因为语文学习大都是模拟的，不是具体生活的复现，我们只能自我安慰这些内容学生将来可能会遇到。

三、"文学体验"式情境

那么,真实的情境还可以怎样解读呢? 2022 年版课标中关于学业质量标准学业质量描述以核心素养为主要维度,按照日常生活、文学体验、跨学科学习三类语言文字运用情境,描述每个学段学生在语文学业成就方面关键的表现,体现学段结束时学生核心素养应达到的水平。语文教学中的情境实际上就应是语言文字运用的情境,那么日常生活、文学体验、跨学科学习三类语言文字运用情境是不是可以给我们在创设情境时一些启示。日常生活、跨学科学习这两类似乎很好理解,但是文学体验如何理解呢?

2022 年课标中关于"文学体验"的表述除了上述一段,另外还有七段,如下:

1. 参加文学体验活动,能表达自己的体验、感受和发现,愿意用文字、图画等方式记录见闻、想法。

2. 参加文学体验活动,能记录活动过程,表达自己的感受。

3. 在文学体验活动中涵养健康向上的审美情趣。

4. 参加文学体验活动,能够围绕发现的问题,搜集资料、整理相关的观点与看法,结合学习积累和经验,初步形成自己的理解和认识。

5. 参加文学体验活动,能聚焦活动过程中发现的问题,围绕问题搜集资料、梳理信息、整理他人的观点与认识,概括提炼他人解决问题的方法与策略,用以解决自己的问题;能记录探究过程,归纳概括自己的发现,条理清晰地呈现问题解决的过程,并汇集学习成果。

6. 命题情境可以从日常生活、文学体验、跨学科学习,也可以从个人、学校、社会等角度设置。

7. 文学体验情境侧重强调学生在文学作品阅读中体验丰富的情感,尝试用不同的方式进行创意表达;强调参与当代文化生活,关注学生对社会主义先进文化、革命文化、中华优秀传统文化的体认。

文学体验是首次出现在语文课标中,2001 年版与 2011 年版义务教育语文课程标准，根本没有"文学体验"一词，字词典中也查不到这个词语。教师连这个词语都弄不清楚，如何搞文学体验活动？

为了解答这些问题，笔者试图通过查阅一些书籍或者网上资料来帮助理解。说实话，到目前为止，我还是没弄太懂，只能先谈谈个人的理解。文学体验可以包含阅读经典文学作品、创作文学作品、参观文学展览、开展文学类活动等。值得我们思考的是阅读经典文学作品这一内容，我们的课文都是经典的文学作品，这些经典的文字不也是我们学习的情境吗？教师研究创设情境时不能舍本逐末，丢掉最重视的经典作品中文字创设的体验情境，更不能忽视我们引导学生欣赏经典作品语言文字时通过"听""说""读""写"所创设的学习情境。所以，情境的创设必须助力学生语言文字的赏析，学生需要在情境中进行真实的语文学习活动，如朗读、默读、欣赏等，更要真实地发生语文学习思维。

四、"真实思维"情境

王宁先生说："所谓'情境'，指的是课堂教学内容涉及的语境。所谓'真实'，指的是这种语境对学生而言是真实的，是他们在继续学习和今后生活中能够遇到的，也就是能引起他们联想，启发他们往下思考，从而在这个思考过程中获得需要的方法，积累必要的资源，丰富语言文字运用的经验。"

谈至这里，我们如果实在觉得情境的"真实性"不好把握，那在创设情境时至少把握住学生的"真实学习""真实思维"。特别是"真实思维"也是"真实性"的本质属性。

我们通过逆向思维来创设情境，例如先想这节课需要训练学生哪些能力和思维，对应哪些学习活动，这些学习活动是否可以放在一个驱动情境或者运用情境里，如果实在想不到什么情境，也没有必要为了创设情境而创设，只要学习活动真实地发生，学生的思维真实地得到锻炼、发展，我们的语文教学就是符合新课标的要求。其实解决学生语文学习中的难题，也是一个真实而有效的情境。

一、二点不可取,三、四点不可丢,这仅是个人的一些思考。

第⑥篇　一致性,还是一体化

首先引发我兴趣的是这两个概念有怎样的区别,即"一致性"与"一体化",所以我们先从了解概念谈起。

一、略查概念

从网上"汉邦字典"查"一体化"的意思是"使各自独立运作的个体组成一个紧密衔接、相互配合的整体"。从百度百科中查得"一致性"的意思是"一致性就是数据保持一致,在分布式系统中,可以理解为多个节点中数据的值是一致的。同时,一致性也是指事务的基本特征或特性相同,其他特性或特征相类似"。单纯从概念出发,我们也可以看出"一致性"与"一体化"是有区别的,也存在一定的关联,甚至"一体化"中包含着一定的"一致性"。

就语文学科而言,教、学、评一体化更主要的是教学、学习、评价的紧密衔接与相互配合。特别是2022年版课标颁布后,一体化的提出主要是针对教学主场、学习弱化、评价缺失这种效率低下的教学现状而言。希望语文教学能够充分重视学生的学习活动,并通过科学的评价手段激发学生的学习兴趣,提高学生的学习能力,提升学生的学习效率等,教、学、评在日常的语文学习中能有效配合,从而实现语文学习的最大效能。同时,教、学、评一体化也指向教学内容与学习内容的专业性和科学性,在评价手段的促进下,不断提高教学效率。

教、学、评一致性,则主要强调教、学、考的有效衔接。笔者同意王本华老师的说法,教、学、考一致性的问题最主要的症结还是在"考",因此冯晓云老师才说考试中的每一小题都应该在课程标准中找到依据，这我也是赞同的。从这个角度思考，教、学、评一致性应是从"考"出发的，主语应是"考"。换言之，应是考与教、学的一致性，但反过来说教、学与考的一致性，这样表述的科学性是不是有待商榷，这样会不会把我们语文教学的意义窄化。毕竟我们的语文教学，学生的语文学习，最终指向的核心素养，不单是一次考试。如果我们的教与学只是瞄准考试，无论考试是应试的，还是素质的，教育都没有什么意义了。但是我们必须承认考试是现在唯一有效且权威的评测手段，因此考试的确是应坚持素养导向，以课程标准为指导。教、学、评的一致性更多的是目标或者本质上的一致，而不仅是内容上的一致。

综上所述，笔者将来要撰写这方面的论文更倾向于采用教、学、评一体化的表述。

二、简析原因

四川师范大学靳彤教授指出："教、学、评一致是教学论的基本命题，也是我们教学设计的基本要求。不是新问题，一直存在，而在今日越来越突出。"笔者认为这也是课程改革发展，2022 年版课标颁布后教学探索的必然结果。核心素养、学习任务群、学业质量标准等，语文课程越来越强调情境性、综合性、实践性，这种情况下考试的形式和内容必然会面临越来越大的挑战，例如如何在一张卷子上落实素养型目标，突出情境性、综合性、实践性，这的确有些困难。因此，当应试走向素质，知识、技能、情感态度价值观等走向素养，教、学、评一体化或一致性的问题也突显出来，这也是改革前进必须面临并需深入研究的阶段。

三、研究方向

关于教、学、评一体化或一致性的研究，一线教师将面临相当大的难题。我们没有充足的时间、精力、资源能尽数研究。那么，教、学、评一体化的问题带给我们哪些启发呢? 笔者认为一方面仍是精准把握教材,我们可以在课标指导下进一步细致研究教材内容,明确教材体系,充分发挥教材的功用。另一方面,我们也可以从学业质量标准入手,研究学生的学习思维或者是学习能力,用于课堂评价或是检测指导。当然,我们也可以研究中考的考试内容,做检测内容方面的研究。

第07篇　初解"跨学科学习"

《义务教育语文课程标准(2022年版)》中提出了六大任务群,其中拓展型任务群包括"整本书阅读"和"跨学科学习"两大任务群。"跨学科学习"并不是新鲜概念,但是首次在课标中以任务群的角色出现,我们需要仔细琢磨一番。

语文老师的习惯,一般先从解词的角度入手,"跨"在现代汉语大辞典中有4个意思,这些是它的字典义,这里不赘述了。那么放到"跨学科学习"这个词语里,"跨"应该选择其中"超越一定数量、时间、地区等的界限"的意思。从学科教学的角度出发,超越的界限一方面可以理解为超越课堂所在空间和时间的界限,那么"跨学科学习"就意味着从个人到社会,从学校到世界,从书本到生活,从今天到过去,到未来等;另一方面超越的界限是指超越学科的界限,那么"跨学科学习"就是指从本学科跨到其他一门学科或者几门学科等。这样的解释是否可以作为"跨学科学习"的语境义了。

从2022年版课标入手理解"跨学科学习",我们发现它被赋予了两种身份:一是作为课程内容组织与呈现方式的任务群之一,属于课程内容范畴;二是跨学科学习与日常生活、文学体验构成三类语言文字运用情境,出现在学业质量标准的内涵表述中,在后面评价建议中也有提及,属于学习情境范畴。

作为课程内容,跨学科学习需要体现本任务群的特点,拓宽语文学习和运用领域，综合运用多学科知识或者多学科思维发现问题、分析问题、解决问题，这里问题的范畴比较广泛，可能是哲学中的问题，可能是社会学中的问题，还可能是科学的问题，不一定就是语文学科的问题，但是在此过程中学生同样能提高语言文字运用能力。

作为学习情境，跨学科学习服务于各个任务群，辅助的是各个任务群特色的体现，例如执教"文学阅读与创意表达"中的某一课时，教师可以创设情境跨历史、美术、地理等学科，或者跨社会、跨生活等，但最终解决的还是感受文学语言和形象的独特魅力，获得个性化的审美体验；了解文学作品的基本特点，欣赏和评价语言文字作品，提高审美品位；观察、感受自然与社会，表达自己独特的体验与思考，尝试创作文学作品等属于该任务群的问题……

亲爱的朋友，上述解释有没有把你绕晕？课标"教材编写建议"中说"也可设置关联性的学习内容，实现同一学段不同学习任务群内容的整合"，"跨学科学习"一和其他任务群整合，它是什么身份，就模糊了吧……不过有一点，我们倒可以明确，就是跨的内容一定要有作用、意义、价值，促进了问题的解决，不是简单的"拓展"，或毫无意义的"热闹"。

最后，我们如何理解"跨学科学习"的意义呢？从它在课标中的两种身份就可见一斑，毕竟其他任务群就单单是任务群。而且课标中课程总目标的内容涵盖了语文课程核心素养的四个方面，从其表述来看，哪一个方面的达成都离不开跨学科的语言实践。

第08篇 小组合作去哪儿了

还记得毕业找工作时，我走进后来就业的学校，一下子就被教室里围坐式的桌椅所吸引。五颜六色的桌椅像花瓣一样围在一起，包围着一个共用的桌面……这样新颖、漂亮的桌椅，再配上学生可爱的笑脸，真是学校里最美丽的风景。每当孩子们趴在桌子上小组合作时,一朵朵智慧之花便在他们的叽叽喳喳中陆续绽放,馨香盈满教室……

是的,那几年小组合作发展得如火如荼,一时之间成为老师们竞相追逐的教学模式,但是渐渐地,对于小组合作的质疑声不绝于耳。从最近听课的经历看,小组合作真的要退出课堂的舞台了吗?

那么,小组合作本身真的有问题吗?

……

如果说小组合作只图热闹,效果不高,那么老师把控课堂话语权,学生只是做点头应声的羔羊,或是做努力搜寻答案的应声虫,这样的课堂效果并不理想。

笔者并不是为小组合作振臂高呼,"小组合作去哪儿了"实质是想问"学生的学习过程去哪儿了"。老师们在课上讲得精彩,学生会有所受益,但缺少了学生的学习活动和体验学习的过程,实践方法的过程,自然学习的成就感也就差些……无论是同桌讨论,还是小组合作,无论是声声朗读,还是质疑辩论,我总是想为学生争取一些自主学习的时间和空间,让他们享受主动学习的过程。

我们对先进的理论或者新兴的模式,首先应认真学习,研究其内涵和本质,把握其原则和特点,而不只是巧借名目,做表面功夫。然后,再根据学情和自身教学的特点,做好选取和结合。接着就是在教学中不断实践,不怕问题,继续钻研,解决问题,形成经验,不断使这一理论或模式越来越适合学生学习并助力学生的学习。回到"小组合作"一说,我们可以问一问自己:拒绝它,究竟是因为它真的是只图热闹,效果不高,还是因为没有认真研究其目标、形式、策略等而不会用,更或是因为害怕研究它要消耗心力于是干脆"不用"? 不管用与不用,我们总要留给学生学习的时间、空间和过程。

我倒是觉得学生在课上适当地讨论或是合作还是有些好处的,例如,学生分享时可以互相提示,开阔思路,学生交流时可以向别人学习组织一下语言,又或是学生在小组内提前准备一下从而降低起身回答的畏难情绪等。不用老师反复鼓励大家发言,口头鼓励不如真实地做出姿态,要知道教师平时总是喜欢滔滔不绝地讲,无论你如何鼓励,大部分学生都会默默无声地听。至于各种"读"的活动,我们自然对它们的益处非常了解。还有那些可以促进学生自己思考的活动,好处自不必说了……这些学习活动都是学生学习过程实施的途径。

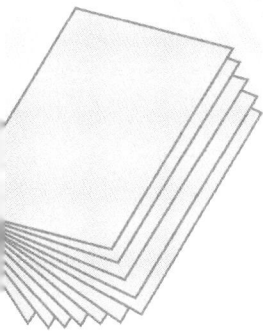

第二章

以行促读, 探秘方法策略

第一节　引导主动阅读的方法尝试

第01篇　文本解读方法谈

　　培养主动的阅读者，教师首先得是主动的阅读者，阅读文本，练习专业解读；阅读书籍，学习先进理论；阅读经典，积淀文学素养；阅读其他，拓展生活视野。只有教师成为主动的阅读者，才能把学生培养成主动的阅读者。

　　《义务教育语文课程标准(2022年版)》提出了不少新的概念，这其实是对教师的专业水平提出了更高的要求。教师只有不断更新自身的知识结构，不断提高专业的知识水平，才能有效地落实立德树人根本任务、发展核心素养、实施学习任务群教学、贯彻"教—学—评"一体化等。这是教师要练就的"真功夫"，是教师专业成长的内核，是推动课堂教学转型的内驱力。

　　文本解读是语文教师更新自身知识结构、提高专业知识水平有效且必要的途径。我的徒弟曾经问我："师傅，怎样才能进行较为细致而丰富的文本解读呢？"这里笔者以自己的实践为例，为大家简要介绍自身进行文本解读训练的几种方法。

一、原始式解读，对照教参——结构内容解读法

　　笔者是较早意识到文本解读的重要性的，因此自己便练了起来。那时，我就把自己当成一名学生，读到一篇文章，从课文结构中的每一段落出发概括内容、品词炼句、分析情感、提出疑问等，从这些角度来解读文章，再对照

教参,也会参详一些名家的课例,查找自己思考的不足,并在旁边批注,深入反思自己思考缺失的原因。长此以往,自己的语文思维不断得到训练,渐渐变得细致、丰富、深入。笔者姑且称之为"课文结构解读法",这是一种比较原始的解读方法,所解读的内容也主要停留在知识、技能、情感、思想等层面。对于刚入职的新教师,这种方法还是比较容易上手的。以《桃花源记》为例,如图:

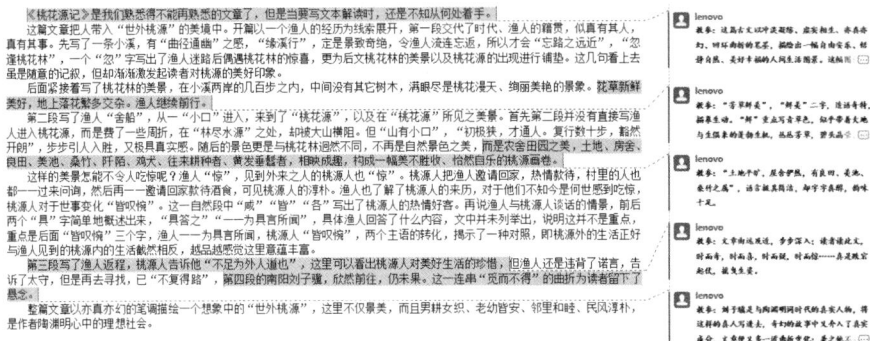

图 2-1 《桃花源记》

后来,我试着在这一解读后加入自己对这篇文章教学内容整合的想法,并提出自己的一些教学建议,以下仍以《桃花源记》为例。

(一)教学内容整合

《桃花源记》是经典名篇,其艺术特色显著且丰富。在课堂教学中,我们需在课标的指导下以年级学科课程目标与内容为依据,以学情为基础,从"弱水三千"中"取一瓢饮"。同时,教师参考用书也是我们选取教学内容重要的参考。

《桃花源记》是部编本语文教材八年级下册第三单元的第一课,这个单元的导语中提出:"学习本单元,要先借助注释和工具书读懂课文大意,然后通过反复诵读,领会诗文的丰富内涵,品味精美语言,并积累一些常用的文言词语。"三个方向的学习目标基本得以确定,一是内容,二是内涵,三是语言。前两项对有一定经验的教师来说难度不大,但是第三项品味"语言",除了常用的文言现象外,还应包括品味语言特色。对于《桃花源记》,

我们该如何选择其中的语言特色呢?

在自我解读的基础上，在教参的指导下，再经过查阅资料，笔者的思考如下:

跌宕起伏，曲折动人。正如前文解读中写道的，开头介绍时间、地点，以及渔人的籍贯，较为平稳，后来便起波折，"忘路之远近""忽逢桃花林"，情势渐起，但又遇一山阻隔，好在"山有小口"，但走进去也不是容易的，也是迂回曲折才来到了桃源。作者描写进入桃花源的田园之美，以及桃源人的淳朴热情，也是步步深入，正如教参中说，读者读此文，时而奇，时而喜，时而疑，时而惊……真是跌宕起伏，摇曳生姿。即使是最后的离开，作者也是"节外生枝"，一寻不得，再寻仍不得，即使是刘子骥那样的"高尚士"，也是"未果"，桃花源永远隐没在奇山秀水之中，留给世人永远的期盼和无尽的神往。

虚实结合，亦真亦幻。陶渊明采用了虚实相结合的手法来描写桃花源，使文章既具有浓烈的浪漫虚幻色彩，又具有强烈的真实感人的力量。比如，文章描写桃花源是虚构的，情节也是离奇的;但写桃花源是"避秦之乱"而形成的，这又是反映东晋时逼真的生活现实，可使读者通过离奇的构思，强烈地感到一种真实。又如，开始交代事件发生的时间、地点及人物的身份职业等，这一切都好像是真的一样，结果刘子骥(实有其人)也"寻病终"，免得以后的人再去寻找，写得虚实结合，加强了作品的诱人力量。(摘自甘纪亮《桃花源记》)

朴实叙述，意蕴丰富。"土地平旷，屋舍俨然，有良田、美池、桑竹之属"，语言极其简洁，却字字真醇，韵味十足。再说渔人与桃源人谈话的情景，前后两个"具"字简单地概述出来，"具答之""一一为具言所闻"，具体渔人回答了什么内容，文中并未列举出，说明这并不是重点，重点是后面"皆叹惋"三个字，渔人一一为具言所闻，桃源人"皆叹惋"，两个主语的转化，揭示了一种对照，即桃源外的生活正好与渔人见到的桃源内的生活截然相反，越品越感觉这里意蕴丰富。

概括而言，本文的简洁之道在于，一是在句子之内，除了极少的、必要的副词以外,全用动词和名词,不但没有形容,而且连个比喻都没有;二是一连串的句子,都是没有主语的;三是叙述是有层次、有过程的,但是空间的转移、时间的顺序,除了几个简单的副词,几乎所有的时间副词和连接词,都被省略了。难得的是,读者并不被迫反视,调整思路,而是顺理成章地追随作者。(教参第 132 页)还可以加上"四",即全文除了三个长句子外,都是短句,场景起承转合极其流畅、清楚、自然。

(二)教学建议

1. 文言知识积累,给予方法

从对于教学要点的统计,我们不难发现,作为学习文言文的基础理解大意似乎并没有放在那么重要的位置上,这就值得我们去思考,已经八年级下册了,我们是否还要把文言文上成文言词语落实课。我们可不可以把更多的时间还给学生,更多地调动学生的主动性,让学生承担文言积累的任务,发现学生更多自学的疑惑处,教师再进行解惑。更重要的是教师应引导学生掌握并运用文言文归纳整理以及追根溯源的方法。

2. 语言特色品位,给予支架

《桃花源记》语言简练而富有韵味,值得细细品味。这就离不开多种形式的诵读,更不能和文章内容的理解割裂开来。教师可以在学生理解文章内容及情感的同时给予一些范例支架、策略支架等,引导学生关注到本文的语言特色。例如,填写主语,比较赏析;想象细节,比较赏析;删减替换,比较赏析等。再如,就一句话,教师可以适当给出赏析的方向,或给学生一个范例作为支架。

3. 作品主题价值,给予资料

作者写《桃花源记》所寄托的志向也是我们要探讨的一个重要问题。文言文中"所言之志,所载之道"是学习文言文一项重要的内容。可以从辨析《桃花源记》的真假虚实入手,先让学生提前准备资料进行小辩论,然后引出作者采用虚实结合的用意:用实的客观世界和虚的桃花源世界进行对比,突出作者寄托的理想。当然,也可以拿《桃花源诗》与文本进行参照对比,挖掘作者的写作意图。教师还可以先筛选整合与文本相关的课程资源,

然后发给学生,并提供研究主题,引导学生对"世外桃源"的价值进行深入挖掘。(摘自甘纪亮《桃花源记》)

二、二手式解读,比对设计——目标要点解读法

为了进一步提高文本解读的效果,我尝试在自己的原始解读后,再搜集相关的教学设计或课堂实录,梳理其中的教学目标或教学问题,从中提炼教学要点,再与自己的解读比对差异,反思探究,进一步校准自己的语文视野和语文思维。在这一阶段解读中,我除了继续用文字记录、批注自己的解读内容,还运用了统计学的一些方法,使得教学要点一目了然,以《小石潭记》为例,在中国知网上检索至 2020 年名师或获奖的教学设计与课堂实录,梳理如下:

表 2-1　教学设计与课堂实表

题目	作者	出处	教学目标
《小石潭记》教学设计	陈金缺	2004 年 6 月《语文建设》	1.疏通文义,整体感知课文;理清课文的思路 2.学习写景抒情的方法,体会作者寄托的思想感情
《小石潭记》教学设计	陶静娟	2006 年 5 月《语文教学通讯》	1.熟读课文,理解课文中重点 字词的含义 2.围绕"石""潭"两字,了解作者所描写的小石潭周围的环境景物,理解作者借美好风物寄寓自己怨愤抑郁的心情,体会文章写景抒情的方法 3.背诵课文
《小石潭记》教学设计	许苗 何冬英	2009 年 6 月《语文教学通讯》	1.据文拟图,理清游踪 2.你言我语,话潭之美 3.心灵交融,理解感情 4.正视逆境,笑对人生
《小石潭记》教学设计	孟宪军	2010 年 3 月《中学语文教学》	1.在阅读理解课文的过程中,总结和借鉴文言文学习方法 2.体会、欣赏本文抓住特征状写景物的写法 3.探究作者蕴含在文中的思想感情

续表

题目	作者	出处	教学目标
《小石潭记》教学设计	曹燕芳	2010 年 7 月《中学教学参考》	知识与能力(突出感悟与积累): 1.掌握常见的文言实、虚词:如坻、堪、邃、以、其等 2.了解作者及写作背景 3.把握文章抓住特点状物、融情于景的写作方法 过程与方法(突出文本性、学科性、综合性): 1.品析研读,探究文脉及手法 2.合作交流,赏析语言及意境 情感态度与价值观(突出鉴赏与运用): 开展综合性 学 习,欣赏文章优美隽永的语言,学会"知人论世",培养感悟力和想象力
《小石潭记》教学设计	设计一:王江春 设计二:王帮阁	2011 年 11 月《中学语文教学》	1.在不断积累文言词语的基础上,提高学生阅读文言文的能力 2.学习移步换景、正侧面描写结合、借景抒情等描写方法 3. 触摸文中描写自然风光所引发的作者的情绪变化,窥探彼时彼地作者的内心世界
《小石潭记》教学设计	沈华	2013 年 7—8 月《语文教学通讯》	问题链:1.你们对小石潭环境的特点印象最深的是什么? 2.在柳宗元的眼中,小石潭又是怎样的呢 这是清____(填一个字)的小石潭,具体体现在____(文中的话) 3.在这样的环境中,柳宗元流露了怎样的心情 4.既然如此,柳宗元为什么没有选择让心灵彻底回归自然呢
《小石潭记》教学实录	周继英	2010 年 7—8 月《语文教学通讯》	问题链: 1.这篇文章作者就是借小石潭的景物描写,来渲染周遭的气氛,抒发自己在特殊处境中的心绪。那么是怎样的景致触动了作者的心绪呢 2.各段所写景物的特点是什么 3.从这些景物描写中,你体会出作者怎样的感受 4.以导游的身份,从自然景观和人文景观两个方面,为游客介绍文中你最喜欢的一处景

题目	作者	出处	教学目标
《小石潭记》教学实录	田玲	2014 年 7—8 月《语文教学通讯》	问题链： 1.柳宗元游小石潭时见到了哪些景物呢？现在，同学们迅速在课文中寻找美景。每种景物用一个字表达出来 2.我们再读读第 1~3 段，看看竹、树、石、水、鱼、溪、岸等都有什么特点 3.这么优美的景色，作者是从哪里出发去欣赏美景的 4.用这样的方法描写出如此美景，柳宗元当时的心情是怎样的呢
《小石潭记》教学实录	于松军	2014 年 7—8 月《语文教学通讯》	问题链： 1.本文是一篇游记，请大家从文中找出表明作者游踪变化的词语，看作者依次描绘了哪些景物，并找出表明作者情感变化的句子 2.冰心曾说过："古今中外写景状物的诗文，都是作者从自己的主观眼光和心情中赋予了他们所接触的景或物以特殊的性格和生命。"在柳宗元的笔下，优美的景物描写背后，隐藏着一种无可排遣的悲哀，因而在明秀中透着清冷。 看完这段话，同学们有什么感受
《小石潭记》教学实录	段岩霞	2015 年 7—8 月《语文教学通讯》	问题链： 1.这是一篇山水游记，在这篇游记中柳宗元描写了哪些景物呢 2.具体来说是怎样的空间顺序？先写了什么 3.有景处皆有情在，那柳宗元在游览小石潭时又是一种怎样的情感呢 4.具体说来，哪几段写的是愉悦、高兴的心情，哪几段是忧伤的心情 5.请同学们细读第 1、2 段，细细咀嚼，静静思考：哪些词句中流露了作者的快乐 6.作者的忧伤蕴含在哪些词句中 7.当柳宗元"西南而望""环顾四望"时，心里会想起什么？期望什么呢

续表

题目	作者	出处	教学目标
《小石潭记》教学实录	杨权应	2015年7—8月《语文教学通讯》	问题链： 1.刚才我们交流了字句的意思。下面谁愿意再来读一读这篇课文，看看有什么收获 2.刚才我们知道了课文围绕小石潭，主要描写了"树""石""水""蔓"等景物，接下来请同学们自由读课文，圈画出描写这些景物的句子，并思考一下这些景物分别具有什么特征 3.作者的心情是"由乐到悲"变化的。那么，作者究竟想借助这小小的石潭表现什么呢
《小石潭记》教学实录	胡忠祥	2016年5月《中学语文教学参考》	问题链： 小组学生研究有价值的问题，生成如下： 1.面对这么优美的小石潭，为什么作者会突然感到"凄神寒骨，悄怆幽邃"，乃至最后"记之而去" 2.明明是和几位朋友一起游览，为什么说"寂寥无人" 3.作者为什么在结尾写同游者吴武陵等人 4.作者在游览时为什么开头感到快乐，后来又感到悲伤呢
《小石潭记》教学实录	仇素敏	2019年7—8月《语文教学通讯》	问题链： 1.名其景，赏其妙。 我为一处景致命名为_____，理由是_____。 2.选出你认为描写传神的句子，看看作者是如何把景色刻画得细腻、传神的。（提示：修辞、写法等） 3.游览小石潭的过程中柳宗元有怎样的心情呢？是从哪里看出来的 4.《小石潭记》中柳宗元的"一乐一忧"值得我们深思，大家皆知景美心乐，却不懂他忧为何！可能大家还是不太了解，作者何以有如此心情呢

题目	作者	出处	教学目标
《小石潭记》教学实录	蒋兴超	2020年第6期《中小学课堂教学研究》	问题链： 1. 试着感知、理解这篇文章的内容 2. 小石潭，其实是一个野外小潭，连名字都没有。可是，作者专门为它写了一篇游记。你们认为哪些景物吸引了他 3. 作者在小石潭感受到的仅仅是快乐吗 4. 跟作者同去的明明有五个人，他为什么还感觉凄冷呢 5. 既然如此，我们现在又该如何理解作者在欣赏小石潭的美景时所感受到的快乐呢

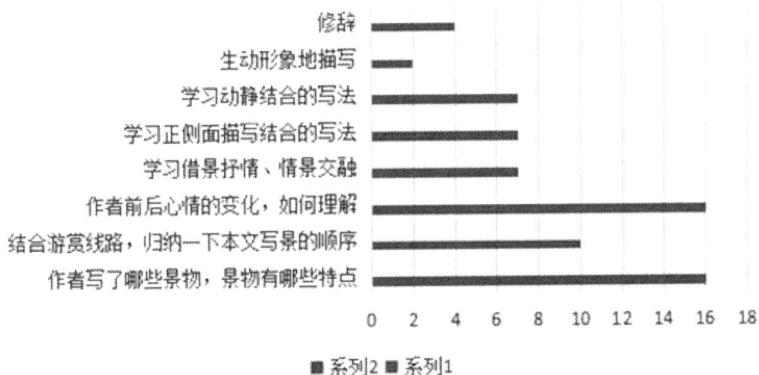

图2-2 《小石潭记》教学要点统计

综上所述，《小石潭记》是一篇游记，也是一篇经典的写景散文。首先，学生阅读此类写景散文，需关注写景顺序。这篇文章移步换景与定点观察相结合。作者采用移步换景的方法写发现小石潭的经过，使读者眼前逐一出现不同景物：由小丘到篁竹，由篁竹到水声，由水声寻到小潭，犹如跟随导游边移步，边观景，边听讲解，富有画面感和动态感。到小石潭以后，作者又采用定点观察的方式，由近及远，写出小石潭及周围景物的特点。

接着，学生阅读要抓住景物及景物的特点。作者写小潭水底石头翻卷过来露出水面的形状，用"为坻，为屿，为嵁，为岩"几个短语细致生动地描绘出来，令读者能够想见其奇特。最精彩的是写潭中游鱼："怡然不动，俶尔远逝,往来翕忽,似与游者相乐。"水中游鱼或动或静,精灵可爱,同时也通过游鱼写出了潭水的清澈。

学生阅读此类散文还要理解作者心情的变化。这篇文章有不少地方运用了情景交融的写法。文中写小石潭的曲径通幽,写游鱼的悠然自得,写潭水的空明清澈,写环境的清冷幽寂,都不是单纯的景物描写,而是融入了作者复杂的情感,所谓"一切景语皆情语"。情感的微妙变化,或暂时的喜,或喜后的忧,都是与作者那排遣不开的苦闷心情联系在一起的。

这篇文章精妙的写法特色,值得我们去品鉴,这里不再赘述,总而言之,全文短短二百字却能达到超妙的艺术境界,是与作者细致的观察和炉火纯青的语言表现能力分不开的。

三、研究式解读,比较内容——"PCK"文本解读法

笔者接触到"PCK"这个英文缩写是在读《语文教学通讯》的时候。2019 年《语文教学通讯》刊登了一系列名篇 PCK 的文本解读。PCK(Pedagogical Content Knowing)是指学科教学知识,它是由舒尔曼提出的,是关于教师知识结构的理论。已有的 PCK 研究主要侧重于理论研究和自然学科方面的 PCK 个案研究,《语文教学通讯》刊登的语文名篇 PCK 解读为我们提供了文本解读的方向和样例。于是,笔者进行了一些尝试,称之为"PCK"新观,以《岳阳楼记》为例。

（一）《岳阳楼记》教学实录整理

中国知网检索"《岳阳楼记》教学实录"，得到结果五篇，整理如下：

表2-2 《岳阳楼记》教学实录

作者	文章信息	主问题	拓展	思政教育
刘泽林	《岳阳楼记》教学设计及课堂实录——《黑龙江教育·中学教学案例与研究》	本文做到了叙事、写景、抒情、议论的高度融合，这是本文的一大特色。请同学们找出对应的语段或语句	这种闪烁着民族精神的人格力量对我们后人是一种鞭策，是一种教育。回望中华民族几千年灿烂的历史，这样的人物数不胜数。你能从我们学过的古诗文中找出这样的例子吗	学生举出很多体现"先忧后乐""心怀天下"的古诗句，体会到了中国传统文化思想的高度和厚度
成磊	《岳阳楼记》教学实录——《语文教学通讯》（2012年浙江省第五届初中语文课堂教学评比一等奖）	范仲淹该如何劝勉滕子京呢	今天这种思想（指板书"先天下之忧而忧，后天下之乐而乐"）已经深深地根植于我们民族的血液之中。昨晚老师在网络上看到了这样的事例——	教师引导学生反复读好"噫！微斯人，吾谁与归？"并交流读出了什么。这一声叹息，一句疑问，让我们读出了范仲淹的劝勉、号召、期待。课堂最后，老师说："现在范仲淹问'谁和我一道'，我们该如何回答？"学生齐答："我！"水到渠成、自然生成
李明哲	涵泳工夫兴味长：《岳阳楼记》教学实录——《读写月报》	要思考一下：为什么写？写了什么？怎样写的？为什么这样写？写给谁的？为什么能写出来	《宋史·范仲淹传》中范仲淹勤学苦读的语段，钱公辅《义田记》节选语段	假如你是滕子京，看到范仲淹为你写的《岳阳楼记》，你会对范仲淹说些什么。虽然是写滕子京的回话，但实际是写出学生自己的收获和启示，起到内化的作用

作者	文章信息	主问题	拓展	思政教育
高行雨	让学生带着课本走近生活：《岳阳楼记》教学实录及解析——《课堂内外》	如果有兴趣，今天就试它一回，给世界旅游名胜—岳阳楼拍摄一部专题片，好吗	"岳阳楼"最早的建造者唐代中书令张说 描绘岳阳景的诗有：孟浩然的"气蒸云梦泽，波撼岳阳城"；李白的"楼观岳阳尽，川迥洞庭开"；杜甫的"吴楚东南坼，乾坤日夜浮"；刘禹锡的"遥望洞庭山水色，白银盘里一青螺"……	从拍摄到配乐，从配乐到解说词的撰写，依次进行了想象、审美、写作等方面的能力培养，在轻松、愉快、和谐的氛围中，完成了教学任务
高鑫	同是天涯贬谪人 一纸作文诉仁心——《岳阳楼记》教学研讨课实录	1. 作者明明是要写《岳阳楼记》，但写着写着，就不写岳阳楼了，却谈到了迁客骚人，又说到了古仁人，范仲淹是不是"扯"远了 2. 那么，范仲淹写这篇文章仅仅是为了劝滕子京么	过庭录（节选） 范仲淹是如何以实际行动向"古仁人"境界靠拢的呢？请联系课前搜集的范仲淹的故事，谈一谈中华民族历史上不缺乏这样的"古仁人"。你觉得按照范仲淹的这个标准，谁会入选呢？以"历史上的这位古仁人"为题写篇小文，可长可短	大家对古仁人的鉴定，有的着眼于"不以物喜，不以己悲"的旷达胸襟，有的侧重于"先天下之忧而忧，后天下之乐而乐"的政治抱负，有的则关注到了"忠君"思想。请再从一个现代人的视角来想一想：这三条标准，你都认同吗 本课重点是对范仲淹"忧乐情怀"的体会和理解，以问题链引导学生的理解层层深入，体会步步内化

(二)《岳阳楼记》教学内容整理

中国知网上检索"《岳阳楼记》教学"，为了把握本课教学与最新教学理念的融合趋势，仅选择2021年发表的整理如下：

表 2-3　《岳阳楼记》教学

作者	题目	杂志	摘抄	主要内容
董旭午	核心素养培育须真生成于课堂——以教学《岳阳楼记》为例	《语文教学通讯·初中》2021.01	当下的语文教学，为了高仿真地应对中高考，文言文教学已经被严重矮化和窄化——只教字词、句式和翻译。这样做极不负责任，危害更是深重。	1.高度重视背景融通 　　一是要求学生自读课前印发的《范仲淹的生平与评价》《范仲淹、滕子京、胡瑗与泰州的故事》《滕子京传》，以及滕子京的《与范经略求记书》、欧阳修的《偃虹堤记》和尹洙的《岳州学宫记》等。 　　二是以导入语的形式，给学生链接、讲解范仲淹、滕子京、胡瑗与泰州的故事，实现国家课程校本化，使学生对这几位先贤有更为深刻的了解，激发学生作为泰州人的自豪感，极大地调动学生学好这篇课文的热情和兴趣。 　　三是引导学生梳理印发的有关史料，深入了解和把握作者范仲淹的心路历程。 2.高度重视品位语言 　　一是运用归真诵读，引导学生准确把握文意和情感。"根据实词词性，划分诵读节奏，理解文章内容；根据虚词标志，调整诵读语气，感知情感变化。" 　　二是通过链接经典诗句，引领学生悟得写作之道。 3.高度重视心智背诵 　　引导学生分析背诵，就是深入语句的脉络，找准语句间的逻辑链条，进行兴致盎然、趣味无穷的活背诵。 4.高度重视立德树人

续表

作者	题目	杂志	摘抄	主要内容
罗四庆	基于"一体四面"的文言文教学——以《岳阳楼记》为例	《开封文化艺术职业学院学报》2021.04	王荣生教授指出:"文言文,是中国传统文化的载体。在文言文中,'文言''文章''文学'和'文化',一体四面,相辅相成。"	1.文言层面。《岳阳楼记》中大量运用对偶、排比等修辞手法,语言极富文采和诗意,读起来朗朗上口。根据"这一篇"的个性,文言方教学重点在于让学生体会其语言美 2.文章和文学层面。"文章"是指其功能,有实用功能、载道功能和言志功能;"文学"是指其表现形式,诗歌与散文是中国古典文学的正宗。文言文是"文章"与"文学"的统一。《岳阳楼记》是一篇游记类散文,在文章层面主要承载着言志功能,传达作者"先天下之忧而忧,后天下之乐而乐"的旷达胸襟及与天下人共勉的思想感情。文学层面,开篇叙述写作缘由,之后写岳阳楼周边的景色,由此引发议论,最后抒发作者的旷达胸襟和政治抱负。在文章和文学层面,具体的教学目标是能够把握文章将叙事、写景、抒情和议论巧妙结合的写法 3.文化层面。文言文所传达的中国古代仁人贤士的情意与思想,即所言志所载道,这是中国传统文化的直接体现,也是中学生文言文学习的主要方面。文化在文言、文章和文学层面都有所渗透。从文化层面,感受《岳阳楼记》中我国古代的贬谪文化

作者	题目	杂志	摘抄	主要内容
詹婕	试论初中古典散文教学中传统文化教育的落实——以统编本《岳阳楼记》为例	《教材教法·课外语文》2021 第 3 期	正如于漪老师所言："语文课偏离'文化'已经太远，它太多地失落了'文化'应有的厚实与丰富，更不必说它的潇洒与诗意了。"王荣生教授强调："学习文言文，最终的落点是文化的传承与反思。文化的主要方面，是文言文所传达的中国古代仁人贤士的情意与思想，即所言志，所载道。"	1. 拓展背景知识，感悟文本内涵。需要注意的是，对课文背景知识的补充应和教学内容紧密结合，不是为了补充而补充，而是为了更好地让学生做到"知人论世"。有些教师在上课前直接给学生出示一大段关于作者的背景介绍，不但让学生无法更深入地走进课文，而且会让学生感觉枯燥无味 2. 多种形式诵读，品悟作者情感。通过让学生反复对课文进行诵读，让学生更加真切地感受到中国古典散文动人的语言魅力，在诵读中体悟，在体悟中想象，在想象中阐释，近距离地与文本对话，与作者产生情感上的共鸣，从而使其受到传统文化的熏陶感染 3. 联系学生生活，激发学生兴趣。笔者首先让学生联想历史上为人民疾苦"先忧后乐"的人物事迹，再让学生联系日常生活中的例子，由古及今、由远及近地启发学生思考，从而在学生心中烙下精神的烙印——范仲淹"先忧后乐"的家国情怀是中华传统文化密不可分的一部分，是我们都应继承的宝贵文化精神遗产 4. 有效读写结合，落实迁移运用。在品析中感悟，在感悟中习作，古典散文教学中的读写结合，可以有效地将学生在文本中所体悟到的精神境界、思想情操迁移到自己的习作当中，让学生的作文浸润在文化的滋养之中，使传统文化的春风拂进学生心中，润物于无声

续表

作者	题目	杂志	摘抄	主要内容
李心如 夏 雨	基于语言建构与运用的文言文教学——以范仲淹《岳阳楼记》教学为例	《新智慧》 2021.08	教师应打破传统教学翻译、总结等固定教学模式,探索出能建构和运用语言的教学之路,这一行为对提高学生语文学科核心素养十分重要	1.语言建构与运用思路 　(1)发于"言",感受语言的音韵美 　(2)现于"情",感受语言的情感美 2.语言建构与运用方法 　(1)回归语境,灵活运用语言 　(2)结合意象,锤炼语言之美 3.语言建构与运用下的文言文教学策略 　(1)积累语言 　(2)文本细读 　(3)依语感自主阅读

(三)《岳阳楼记》教学之己见

《岳阳楼记》是经典名篇,其相关的教学资源可以说是"数不胜数",教师对这篇课文的教学内容及价值也可以说是"如数家珍",然则每次到学生学习此文,其效果都有不尽如人意的地方。"弱水三千,只取一瓢饮",教师如何在两三节课中对《岳阳楼记》深厚而多层的内容和内涵中做出选择呢?

首先,我们从单元目标看起。我们的教学应关注每一课在单元乃至整本教材中的位置和作用。《岳阳楼记》是统编教材九年级上册第三单元第一课。本单元目标提要如下:"学习时,要注意体会古人寄托于山水名胜中的思想情感,感受他们的忧乐情怀。学习这个单元,要在理解课文内容的基础上,熟读成诵,积累、掌握课文中的文言实词和名言警句,并体会文言虚词在关联文意、传达语气等方面的作用。"

就单元目标概括而言,这个单元文言文学习侧重于两个方面:一是理解课文内容,熟读成诵,掌握文中的文言实词和虚词;二是体会古人寄托于山水名胜中的思想感情。

这两个方面也曾是七八年级文言文学习的必要内容,那么到了九年级,学生进行文言文学习时又需要有哪些提升呢?课文难度加大自不必说,就九年级而言，对于课文内容的理解学生可以自主去完成，并对文中的疑难词句自发质疑、研讨，依赖于以往的学习经验做出初步的判断。除实词的学习和积累外，这个单元引导学生学习虚词的多样用法，以及其在内容结构、表情达意上的作用等。此外，文章多种表达方式的运用和融合也是理解课文的重要方面。

"学习本单元，要引导学生感知古代诗文的意蕴，感受作者的情怀，体会古人的情感世界，从而得到思想的启迪和美感的陶冶"。笔者认为九年级更重要的是"深化"和"内化"二词。对于古人文中情思的体会，学生不应再局限于字里行间，而应博古通今，放在文化的大背景下领悟这种情思的魅力，有自己的理解和阐释，并深受启示，能联系生活实际，将这种情思或者领悟转化成自身的情感态度价值观。因此，对于文中思想感情的理解不能浅尝辄止，寥寥几句话带过，或者教师把提前准备好的"慷慨激昂"的名家解读念给学生听，或者直接让学生记下相关的赏析，应想方设法让学生头脑运转起来，心灵受到触动。

这是就这一单元总体而言，当然各篇有各篇需要单独注意的内容，在这里不赘述。

基于以上分析，《岳阳楼记》的教学内容选取及教学问题设置应注意以下"两变"和"两不变"：

1. 理解类问题向探究类问题转变

在理解课文环节，建议以探究类问题取代理解类问题。理解类问题主要是指这段或者这篇文章写了哪些内容，这句怎么理解，这段怎么翻译，等等，而探究类问题主要是以一个主问题考验学生自主疏通文义、理解课文的同时锻炼学生分析、综合等思维。如下：

(1)一字立骨《岳阳楼记》中的"记"、《岳阳楼记》中的"异"等。

(2)联系背景：范仲淹是怎样劝说滕子京的？

(3)聚焦写法：本文做到了叙事、写景、抒情、议论的高度融合，这是本文的一大特色。请同学们找出对应的内容和语段。

……

这些问题的设置都需要在学生自学课文内容的基础上,并进行了答疑解惑。根据学生情况,这一基础必须奠定充分。

2. 归纳类思路向阐释类思路转变

对于《岳阳楼记》中所阐述的览物情、悲喜观、忧乐观,我们不仅要让学生从文中找出并理解,结合写作背景做浅层次的归纳,我们更应该到历史和文化中去"问询",寻找这些忧乐情怀的缘起和缘由、厚度和宽度、落地和生根等,为学生提供包括生平背景、相关诗文、历史故事等充足地拓展阅读资料,丰富学生的认知,提升学生素养,引导学生发表自己的理解和阐释,为优秀传统思想在学生身上的内化铺路。

3. 夯实基础,不变;声声诵读,不变

正如前面所说,文言文学习必要的基础步骤是必须扎实进行的,如读通课文、疏通文义等,只是形式上更要尊重学生这一主体。《岳阳楼记》诵读的形式可与本课教学内容相结合。例如,抓住虚词的语气变化,体会文章结构;揣摩各个内容朗诵差异,捕捉文章情感变化等。言而总之,朗诵对文言文的学习是至关重要,我们不能忽略。

(四)相关资源

何林福《滕子京致范仲淹〈求记书〉的文史美学价值》以及孙绍振《〈岳阳楼记〉中的三个"异"》。

四、拓展解读,对比课内——发散式解读法

教师为了提高文本解读的能力,除了进行课内文章的文本解读练习外,还可以选择课外的诗文练练手。仍然是遵循"PCK"的解读结构和路径,只是没有了课内的制约,教师的语文思维可以得到发散式的训练,会有很多惊喜的发现,也会发现语文更多令人惊喜的美。这样的状态下写出的文本解读往往能够洋洋洒洒写一"大"篇,再辅以查阅梳理的相关资料,竟有写一篇小论文的感觉。笔者以曾解读过的一首课外诗歌为例。

《春夜宴从弟桃花园序》全文共 119 个字,生动地记述了李白和众兄弟

"夜宴"的缘由、过程、乐趣与情思，真可谓充满画意又布满诗情。文章伊始虽然感叹天地之广大，人生之短暂，但并未消沉其中，而是"秉烛夜游"，更咏颂阳春之美景，不忘推杯换盏、畅谈赋诗，字里行间洋溢着热爱生活、热爱自然的欢快心情，也显示着李白俯仰古今的才华和气度。

全文以议论开头："夫天地者，万物之逆旅；光阴者，百代之过客。""夫"发出议论，似有万千感慨。如此开篇，正像李白的《将进酒》"黄河之水天上来"，有"破空而来"之感，这样的豪情与才气，这样的想象与文笔，唯有李白也。逆者，迎也；旅者，客也。"逆旅"就是旅馆、旅舍。天地是世间万物的旅舍，而时间是古往今来的过客。天地、光阴被赋予生命，足显其伟大。反思之，人之生存依赖于天地间"万物"，人之一生犹如"百代"中一粟，更衬人之渺小。

"而浮生若梦，为欢几何？"一个"而"字，转入反思。俯仰天地，浏览古今，人生实在太短暂、太脆弱，像梦一样虚幻，随时都可能像梦一般破灭，欢乐的日子有多少呢？苏轼有"人生如梦，一樽还酹江月"，曹操有"对酒当歌，人生几何"。李白笔下的人生又较"苏轼""曹操"多了一层"浮"的意蕴。梦本具有短暂、虚幻之意，更何况自己的人生如浮萍一般，无法把握，自己不能做主。行文至此，李白要在这种对人生的慨叹中悲悯自弃下去吗？不，绝不，我们心中的李白怎么可能就止于此呢？

果然，"古人秉烛夜游，良有以也"。原来天地广大，的确如此；原来时光易逝，亦是如是，李白说透道明，不是为了"悲"，而是为"乐"，为了"及时行乐""秉烛夜游"，连夜间都不肯放过。这句是行文上的巧妙之处，自己不直接说明为什么要"夜"宴，而借以"古人秉烛夜游"的典故，但"夜"宴的原因，已清晰明了，无需赘词。《古诗十九首》云："生年不满百，常怀千岁忧。昼短苦夜长，何不秉烛游？"苦于昼短夜长，古人提出秉烛游的建议。曹丕在《与吴质书》中写道："少壮真当努力，年一过往，何可攀援？古人思秉烛夜游，良有以也。"先有《古诗十九首》，再有曹丕的诗句，都提到既然白天短暂，但长夜漫漫，为什么不利用这漫漫黑夜来欣赏美景呢？虽然"及时行乐"在现代是个贬义词，但是在这些古诗文中却有一种豪情和洒脱。

"况阳春召我以烟景,大块假我以文章"中"况"和"况且",递进之义,这是夜宴的另一个理由。感情上有了新的转承,由低沉转为昂扬。"阳春烟景","春"字前加一个"阳"字,一扫前文给人之悲郁,带入温暖、红艳的春天之中,"烟景"更让人沉醉,是烟花、烟雨、烟柳,还是烟波,或是一切氤氲着江南湿气春天景象。"阳春烟景"就和《黄鹤楼送孟浩然之广陵》一诗中所创造的"烟花三月"一样,立刻唤起读者对春天美景的无限联想。"大块"指大自然,"文章"指斑斓的色彩。"阳春""召我","大块""假我",在李白的笔下,大自然变成了有情有义的人。他们用美景召唤"我",将美丽的景象和色彩借给"我"。盛情难却,岂有不去之理?

至此,从开头一"夫"字,阐发人之渺小、人生短暂的议论;到"而"字,再进一层,人不仅渺小,人生不仅短暂,而且人生还虚幻,应效法古人秉烛夜游、及时行乐;最后一"况"字,再进一义,将自然变得有情有义,盛情相邀,夜宴的三个原因就这样呈现了:人生短暂,应该夜游;浮生虚幻,不妨夜游;美景相邀,必须夜游。

"会桃李之芳园"以下是全文的主体,写"夜宴之乐",与"为欢几何"里的"欢"字相照应,又赋予它以特定的具体内容。

首先是赏景之乐,李白是大诗人,行文用字间无不体现着诗题的意思,用词精准,既然是夜宴,园中景色自然朦胧不清,所以会的是"芳"园,在夜色中唯有花香浮动,沁人心脾。夜色朦胧,花色隐去,只有"幽赏","芳"字与"幽"字照应,给一种隐约欲醉的美。

重要的是天伦之乐。无论是《月下独酌》,还是《独坐敬亭山》,我们都品味过李白的"孤独",可见"天伦之乐"对于李白是多么的可贵。作为社会里"壮志难酬"的"浮生",李白更是难享天伦之乐。如今,李白和从弟们不但相会了,而且相会于芳香四溢的桃李园中,"叙天伦之乐事",真是欢乐。

难得的是会谈之乐。李白深受魏晋之风的影响,下面两句就可见一斑。"群季诸弟俊秀,皆为惠连",李白以谢惠连比他的几位从弟,"吾人咏歌,独惭康乐",以谢灵运自比。谢灵运和谢惠连是堂兄弟关系,都是很有才华的贤人,用到这里恰到好处地说出了来宾和自己的关系,畅谈的人如此俊秀,谈吐自然不凡。一个"惭"字是李白的自谦，更表现了与众堂弟们畅谈带给李白的享受和灵感。据《谢氏家录》里说："康乐每对惠连，则得佳语。"谢灵运自认为他很得意的诗句"池塘生春草，园柳变鸣禽"为梦见谢惠连所得，可见"惭"字让人体会出惠连一样的堂兄弟给李白带来的不仅是我们常人所谓的"天伦之乐"的叙旧和聊聊家常，惭字很大程度提高了兄弟们的"文化层次"。再看他们的谈论是"高谈转清"，清谈就是玄谈，谈的是清雅的话题，是人生的哲理。从高谈阔论到清言雅语，从理想壮志到人生哲理，总之，谈论的层次以及谈论带来的快乐更是与世俗不同的。（张昆阳《不有佳咏 何申雅怀——谈李白〈春夜宴从弟桃花园序〉高雅的行乐观》）

高潮是宴会之乐。"开琼筵以坐花，飞羽觞而醉月"两句，这是欢乐浪潮激起的洪峰。"琼筵"指盛宴、美宴。在花丛中坐下享受美宴，岂不快乐。"飞羽觞"中的"飞"字用得极妙，"飞"形容行酒如飞，快乐尽情释放，又能照应"羽觞"（形状如同鸟雀的酒杯）二字，所以用"飞"很灵动，而"醉月"有人解释为"人在月下醉了"，有人解释为"月醉了"，无论是"人醉了，还是月醉了"，写这两句可见李白的确是"醉"了，因为这时的快乐心情无与伦比的，在"乐"中醉了。当然痛饮固然可以表现狂欢，但光痛饮，就不够"雅"。他们都是诗人，痛饮不足以尽兴，就要作诗，作诗不成，还要罚酒三杯。于是以"不有佳作，何伸雅怀"等句结束了全篇。

"李白的夜宴之乐与众不同。与古人的同类作品相比，本篇确是别开生面，'自是锦心绣口之文'。古人作的宴集序多有'兴尽悲来'的情绪转换，开始写乐，继而写悲，成了一个套子。李白同样写游宴，却完全摆脱了'既喜而复悲'的陈套，给人以乐观情绪的感染。本文以清新俊逸的风格，转折自如的笔调，记叙了作者与诸位堂弟在桃花园聚会赋诗畅叙天伦一事，慷慨激昂地表达了李白热爱生命、热爱生活的人生追求和积极乐观的人生态度。"（吕远《李白的"夜宴"之乐——李白〈春夜宴从弟桃花园序〉解读》）

全文起于对"天地广大、时光易逝"的慨叹，承于"浮生虚幻，为欢几何"的思考，借以"古人秉烛夜游"之典故，兴起于"阳春""大块"之盛邀，转入"芳园夜宴"之快乐，更发为醉月咏诗之逸兴，起承转合，波澜起伏，传达出深长的情韵。本文是一篇宴集序,但也兼有散文的特点,句式长短自由,骈中行散,显示了唐代骈文向散文过渡的迹象。

人者各异,思而不同;时间变化,思亦变化;文本解读,惟日益积淀耳。

第 ⑫ 篇　小讲堂,大舞台

在讲 zh、ch、sh、r 一课时,有一幅有关晨运的图画。在学生复述完图画内容后,我习惯性地问:"你们还有问题吗?"这时,一个小男孩站起来问道:"老师,太阳为什么会升起、落下?"这个问题让我再次惊奇于学生的观察力。这时,一个小男孩拿出一本《人与太空》:"老师,我有这个。"我看到他拿着书,突然灵光一闪:为什么不能像我们大学时听讲座那样,也让学生来做个小讲座呢? 就这样,我们的"三班小讲堂"诞生了。它不仅是学生讲故事的场所,还囊括了上至天文地理,下至生物、军事、科技等各方面的知识。它不仅是学生讲、学生听,还是学生相互提问、相互交流的平台。"小讲堂"为提高课堂实效作出了"贡献"。

一、课堂高效,功在课下,看"小讲堂"发挥作用

课堂高效是课程改革的核心。《基础教育课程改革纲要》中指出:"改变课程实施中出现的死记硬背、机械训练的现象,倡导学生主动参与、乐于探究、勤于动手,培养学生搜集和处理信息的能力、获取新知识的能力、分析和解决问题的能力以及交流与合作的能力、分析和解决问题的能力以及交流与合作的能力。"概言之,课堂高效需要维持学生的积极性,提高学生的主动性,培养学生的创造性,打造学生的综合性。

"小讲堂"维持着学生的积极性

学生是"夸"出来的。"小讲堂"就为我提供了更多赏识学生的机会。

著名教育家周弘所说："赏识取得成功，抱怨导致失败。"在"小讲堂"上，学生的表现可圈可点。每一位登上"小讲堂"的学生，笔者都会用心发现他们的闪光点，对他们进行表扬，并给予"小标志"作为鼓励，这不仅激发了学生学习语文的热情，更是对学生进行赏识教育的契机。

"小讲堂"提高了学生的主动性

第一次家长会后，一位家长对我说："张老师，我觉得'小讲堂'办得好，孩子为了参加小讲堂，自己常常翻字典，把书上不认识的字都查出来了。""小讲堂"激发了学生们学习的兴趣，使得一年级的学生能主动去识字认字。这正是学生自主学习的萌芽。

"小讲堂"培养了学生的创新性

"创新"首先是个性化行为。达到这一标准之先决，教师应是引导学生选择个性化、多样化读物，让他们在各种类型的书籍中开阔视野、丰富体验。"小讲堂"还为学生的个性化阅读、创新性思维进行着知识和感悟的储备。

"小讲堂"打造了学生的综合性学习思维

是否能把大学生接受的综合性学习方式转变成让小学生受益的形式，从而培养小学生的综合性学习思维呢？于是，我们开设"小讲堂"，让学生变成"主讲人"，让他们在毫无心理障碍的情况下进行知识信息的传递、接受、反馈。渐渐地，他们对搜集信息产生兴趣。因此，信息小组便应运而生。时事新闻、课文资料、科技探秘、知识拓展等相关内容纷纷出现在我们的主题墙上。学生的信息量越来越大，映射到课堂上是他们活跃的思维和丰富的课外知识。

二、"小讲堂"进入课堂，"主讲人"变身"小老师"

学生在成长，我们的"小讲堂"也在成长。提高课堂实效是教师们孜孜不倦地追求，而衡量一节课实效性的关键"不是指老师教多少，有没有教完内容，教得认真不认真，而是指学生有没有学到什么或学生学得好不好"。学生的真实学习情况则取决于学生在课堂活动中的参与程度。于是，为了提高学生的参与度,凸显他们的"主体作用",笔者让"小讲堂"有了更广阔的空间——课堂。

(一)特别行动小组

我们班有几个"特别"的学生,他们或是感统失调,或是依赖性太强不会学习,或是大脑皮层发育过缓,或是营养不良导致注意力不集中,但他们在课堂上表情大都是"木然"的,他们的书本大部分时间都是合着的。教师如把过多的精力放在他们身上,必定会影响教学进程,对其他认真听讲的学生而言,也不利于他们听课习惯的养成。于是,语文课堂中的"特别行动小组"成立了。我让这些"特别"的学生组成"特别行动小组",负责每节课的识字工作。根据他们每个人的特点,我把识字工作分为:拼读、偏旁猜字、组词、形近字、造句几个环节交给他们。他们回家准备,第二天上课前,我对他们进行指导。随后的识字课,他们就变身为老师。站在讲台上的他们精神焕发,眼睛闪烁着光彩。当下面的学生争先恐后叫着他们:"老师,让我回答,让我回答……"他们的脸上更是洋溢着得到认可的笑容。我惊喜地发现,当他们回到各个小组合作学习时,他们的身体也和组员们挤在了一起。

(二)小老师招聘

课程改革要求在课堂教学中让学生会学习,学习求知方法、学会梳理知识、利用资源。这就需要让学生在课堂上唱"主角",让课堂成为他们的天下。在学生已经对识字环节和识字方法轻车熟路的前提下,有了"特别行动小组"的先例,其他同学对于三尺讲台也早已垂涎三尺、跃跃欲试了。于是,我在课堂上招聘起小老师来。小老师竞聘以小组为单位进行的。组长需先在组内把为组员分好工,进行演练,然后通过良好的课堂表现来竞得小老师的职责。学生为了能握住神圣的教鞭,无论是讲台上的小老师,还是讲台下听课的学生,积极性非常高,个个自信十足。课堂教学中,帮助学生保持学习的积极性、保护学生的求知欲、建立学习的自信心,这是提高课堂实效的源泉。

(三)课堂成为学生的天下

阅读课上,学生们也开始显示"小主人"的威力。江苏省语文特级教师薛发根在谈到有效性课堂时说到三个"不教"：学生已经会的，不教；学生能自己学会的不教；教了，学生也不会的，暂时不教，留待将来教。阅读教学中如何了解学生的学情呢？唯有从学生中来，到学生中去。先让学生就课文提问，然后细品课文。细品课文时，我们采取的是"我发现"的方式。让学生先自主学习、合作交流，主要从好词好句、人物性格、知识道理、发现问题这四个方面去发现。学生的潜力不容小视！因为学生的发现点往往就是教师上课要讲授的文章重难点。然后，笔者再从学生的"发现"中理出课文教学的条理，对学生的"发现"进行引导、升华，使他们的思维更加活跃。别看他们才二年级，有时他们的问题也会把教师问住，例如，在教授《画家与牧童》一课时，一个学生问："我们以前学过《动手做做看》一课，本课画家戴嵩是不是也像朗志万一样故意画错考考大家呢？"当时笔者还没想好怎么引导，另一位学生已经站起来了，他说："老师，我知道。请大家看课文最后一段，有个词语是'惭愧'。如果戴嵩是故意的，他就不会感到惭愧了。"在自主发现课文的过程中，学生们已经渐渐学会去品读课文，从而使他们获得了更深层的认识，进一步完善和促进他们思维的发展。

教学为了学生而教，教学改革为了学生而改。那改革的力量之源也应根植于学生。作为一名年轻教师，我要和学生一起为了课堂高效而不懈地努力。虽然其中也有失败、有挫折、有不足、有困惑，但我不会放弃。正所谓：路漫漫其修远兮，吾将上下而求索。

（特此说明：本文内容是作者尚在小学执教时进行的思考与实践，大概在 2009 年前后，当时使用的还是人教社的旧教材）

第③篇　促进学生主动阅读的几点做法

在笔者走上讲台四年后便开始探索以学生为主体的课堂模式，几经思索形成了自己的一种教学"套路"，即上课伊始先让学生谈一谈预习的收获,学生自己总结需要掌握的重点字词,然后学生提出质疑并交流,教师再用学生的疑问组织教学。当时,笔者为自己这种大胆放手之举"洋洋得意",也收获了教学上的一些成绩。后来,笔者开始探索以学习为中心的教学理念,直到现在。在肖培东老师身上,我看到引导学生主动阅读的理念被运用。

教学理念,我们可以读书学习,吐故纳新;教学方法,我们可以研究总结,分享实践;唯独教学智慧,特别促进学生主动阅读的互动智慧一直是老师们难以捕捉的。当与一位老师交流听课意见时,你能发现她与学生互动上的问题,除了以学习为中心,告诉他要促进学生主动阅读外,似乎也没有可以"一招致胜"的方法。每个老师都有各自的生活经历、性格特点、知识储备、说话习惯等,促进学生主动阅读也是种个性化的艺术,这可以进行共性化的学习吗? 笔者总结了一些充满智慧的做法。

一、以幽默促读,活跃气氛

无论是余映潮老师、黄厚江老师,还是肖培东老师,他们都非常善于以个性化的幽默化解学生在阅读中出现的磕绊,巧妙地活跃氛围,缓解学生的紧张情绪,这里不一一列举。我相信学生也喜欢有幽默感的老师。

我们教师平常可以多读些书,多了解一下政治新闻和社会新闻,只要选得精,用得巧,对我们的教学水平很有帮助。

二、以知识促读,灵活自如

王荣生教授在一篇文章中写道:"几乎所有的语文教师都认为语文知识问题含混不清,几乎所有的语文教师却可以顺畅地进行着自己的语文课堂教学,这其实是非常矛盾的现象。"对一个非科班出身的语文教师,自己语文知识都含糊不清,如何能让学生清晰掌握呢? 虽然我们主张不讲知识概念,但是这并不代表教师可以不掌握语文知识。我们语文教师要做的一个"运用"，两个"转化"，"语文教学就是语文教师运用自身的语文知识，将教材层面的语文知识转化为教学层面上的语文知识，呈现、传授给学生。前提是课程层面的语文知识应该转化为教材层面的语文知识"。

例如肖培东老师在教学《论语》(十二章)时，一节课主要用这几个问题来引领："你觉得哪一个字最容易读错？""你觉得哪一个字最容易写错？""你觉得哪一个字让你最为受用？""你会选择其中的哪一句作为你的座右铭，为什么？"等，每一个问题都是从"学生是学习的主体"出发，把教学的立脚点放在学生自身的学习问题上。那么，学生就有可能提出各种各样的问题或知识点，课堂会呈现零散状态，教师应具有丰富的知识和较强的灵活应变能力，肖老师就是这样在学生间游刃有余，将学生的学习一层层逐步引向深入，对照肖老师反思自身，对于语文专业知识的学习还需大大加强。

三、以学生为力，借力促读

教师的引导也可以借助学生的力量，例如，对学生的提问可以先让学生来解答，学生之间互相点评，老师故意不解向学生请教等，这一方法肖培东老师运用得也是恰到好处，既促进学生主动地阅读，又激发学生积极的思考，给予学生充分的信任，引导学生尽可能享受阅读的成就感。这样，学生怎会不主动去阅读，不饶有兴趣地去阅读，阅读能力又怎会不越来越出色？最怕的就是教师不放手，学生没有机会说，慢慢地也就变成不说了。

还是那句我们常引用的话："路漫漫其修远兮，吾将上下而求索。"

第04篇　谈初中语文研究型名著阅读的几点做法

如今快餐式的生活为人们带来了许多既得利益，却减少了读书思考的时间。读书的时间变得零碎，大人如此，学生亦如此。这就加重了学生名著阅读的负担。同时,以应试为导向的名著指导,缺乏生机活力,禁锢了学生的读书热情。

初中语文名著阅读的现状令语文教师忧心。不过,在当前的名著阅读教学中,还是有很多教师尝试了一些方法来推进学生的名著阅读,如影视阅读、以演促读、读书会档案评价等,也都取得了一些效果。但是我们不难发现这些方法在激发学生阅读兴趣上起到了一定的作用,引导学生去了解名著的内容,不过这些方法在学生阅读名著的思维广度、思维深度上还不能发挥明显的作用。这影响了文学名著对学生的精神滋养。名著阅读的深层次意义绝不仅仅是知识性记忆,它更在于启迪人的心灵,熏陶人的品格,丰富人的精神世界和人性的家园。所以,作为语文教师,我们还可以利用具有挑战性的名著阅读的内容激发学生的读书兴趣,具有探究性名著阅读的内容提升学生的文化品位,具有思辨性的名著阅读内容提高学生的阅读能力。这样,研究性名著阅读就进入了我们的研究视野。

一、读书论坛展示——主题阅读,成就兴趣

文学名著多是鸿篇巨著,不是短时间能读完的,同时,它们与学生实际生活相距甚远,这都加大了学生阅读名著的负担。教师如果要降低学生阅读名著的难度,那么就要让学生告别"漫无目的"的阅读状态,要有目的地"读",有方向地"读"。

然而,名著有目的地去"读",有方向地去"读",不仅要获取其中的内容知识,还要领略其魅力,从而获得情感丰富,或思想提升。文学名著蕴含着人生哲学,怎能让学生轻易"读"过。选择一个主题,让学生结合自己读过的名著谈感受,从书中找依据,大有写一篇"小论文"的架势。

例如,请结合所读过的名著谈谈"成长"是什么。起初,面对"成长"这一主题,学生都很迷茫,不知要说些什么。于是,我们借助小组的力量,让小组组员畅所欲言,先谈谈自己认为的成长是什么,然后再试着结合自己读过的书展开来谈。教师给予学生充分的时间讨论交流,并深入到各个组去启

发引导，帮助学生开阔思维。待小组讨论交流有所得后，教师再让小组选出各自的代表进行全班交流。小组组员帮助代表构思并组织语言，其他小组提意见，回家完成书面稿。教师给予各个组代表面对面的指导，小组成员帮助制作课件。

各个小组分别有了自己的论坛内容，例如，"成长是离童年渐行渐远——读《城南旧事》有感""成长是坚强的力量——读《钢铁是怎样炼成的》有感""成长是看我72变——读《西游记》有感"等。真让人惊叹，十二三岁的学生能有独特而深刻的见解，学生的潜力真是值得挖掘的宝藏。

最后我们正式开展读书论坛评奖。每个上台的学生都有收获的奖项，这不仅让他们自己，也让他们的组员有了群策群力、展示阅读的舞台，并在这个过程中收获读书的成就感。这才是"兴趣"最强的动力。

二、名著导读课畅谈——以小见大，思绪飞扬

学生的初中语文学习少不了"名著导读课"。但是名著导读到底"导"什么，值得我们语文教师去思考。名著导读的价值取向绝不仅仅是考试知识的认知，它还肩负着文化熏陶、精神滋养、人格塑造等更深层次的重任。从这个角度而言，名著导读课并不简单，语文教师似乎无从下手，但我们不要忘记古希腊科学家阿基米德的名言："给我一个支点，我可以撬动地球。"名著导读课可以选择名著中的一个文化"点"，启动学生横扫群书的动力。

以《城南旧事》为例，我选择了《城南旧事》中的一个点——"离别"，主要环节如下：

1. 七嘴八舌

请具体说说《城南旧事》中分别写到了哪些"离别"？

2. 心灵捕手

乡愁、离别、伤春、悲秋等中国文学史上永恒的主题。文学中的离别最早起源于先秦时期，我国第一部诗歌总集《诗经》中的"邶风"被清代文学家王士祯称为"万古送别之祖"，到了汉魏六朝时期的《古诗十九首》中大部分

都是写离别的,但文学中这一主题真正繁盛的时期是在唐宋时期,我们对这很熟悉,背诵过很多关于离别的诗词。到元明清时期,随着散曲、戏剧、小说的出现,离别的场面也出现在这时期的作品中。离别的基调多是哀怨、愁苦的,但也有豁达、坚强的。你认为《城南旧事》中的离别属于哪种?请有理有据地阐明自己的理由。

3. 教师引领

秀珍与妞儿的离去,让小英子初尝伤心的味道;小偷的离去,让小英子真正意识到什么是离别;蓝姨娘的离去,让小英子面对了心中不得不承认的不安;宋妈的离去,更是把伤感波及家里的每一个人;爸爸的离去,让小英子失去了无忧无虑的童年。尽管这些离别把小说的悲伤一步步推向高潮,但是我们感动的是小英子的成长,她学会坚强,以及独有的快乐,就像那冬天里的阳光一样,虽然寒冷,但是让人暖暖的。同学们,你们其实也在面对着许多的离别,与童年的离别,与小学的离别,与轻松的学习生活的离别,甚至与亲朋好友的离别,与至亲之人的离别……送给你们曹文轩的一句话:"每一个时代的人,都有每一个时代的人的痛苦,痛苦绝不是今天的少年才有的。"少年时,有一种对痛苦的风度,长大时才可能是一个强者。

学生在这一过程中不仅超出了读一本书的范围,而且思维也不限于情节的欣赏,他们更关注于作品中一些独特的细节的描写。例如,冬阳的几次出现;小英子的悲剧推动作用;惠安馆中的几次情节铺垫等。更为重要的是,在品味《城南旧事》的离别后,笔者把学生从书中引到现实生活中,从而完成了对学生情感态度价值观的正向引导。

在这种"以小见大"的研究性名著导读课中,教师选点至关重要。前文中提到切入点应是文化"点",如《城南旧事》中的"离别",而不是纠结于内容的点,又如,秀珍妞儿怎么被火车轧死的之类的。又如,我们学校的另一位老师在引导学生读《西游记》时,选择从"三"在古典文学中文化现象入手,引导学生品味"三"在文学创作上的效果,这也大大激发了学生的阅读兴趣。学生除了阅读名著,还要查找很多间接性的资料,这些也有利于学生文化品位的提升。

三、读书报告梳理——比较阅读，高屋建瓴

天津市教研室主任赵福楼老师说过，学生的阅读是需要展示和激励的。除了前文提到的读书论坛，读书报告也是学生展示阅读成果的舞台。在班级的墙报中开辟一块天地，定期更换学生个人或小组的读书报告，这会让班级的读书氛围越来越浓。读书报告不必长篇大论，但一定要夺人眼球，引发思考，产生共鸣。同样，读书报告选点也很重要，比较阅读是个不错的选择。所谓"比较阅读"，就是把两种或多种文章或书籍对照着阅读，通过辨析其异同，加深认识以及阅读方法。

1. 同本书中的人物比较

《水浒传》中塑造了一百零八条英雄好汉，他们各个武功高强、好打抱不平，但他们又有各自的性格特征。鲁智深、武松这两个人物经历很相似，但是比较之后，学生发现，两个人虽然都脾气暴躁，但又各有不同。这帮助学生进一步弄清楚名著中的主要人物，进一步体会名著中的主题。

2. 同类书籍比较

对于内容和形式都相近的作品，不妨采用比较阅读的方法，获得新的思维视角，以加深认识。例如，在读《城南旧事》的过程中，就有学生把萧红的《呼兰河传》与《城南旧事》作比较，用两本书的背景，以及其中的一些描写，带领大家感受这两部书中同中有异、异中有同。又如，在学习《格列弗游记》时完全可以把它与《鲁宾逊漂流记》来进行比较，会在思维的广度和深度上有更多、更深的认识。

"授之以鱼，不如授之以渔"，在比较阅读时，教师对学生阅读方法的引导非常重要。不过，如果单凭庞大的名著阅读对学生进行阅读方法的训练，那就如同"远水解不了近渴"。因此，阅读方法的"练就"还是放在课内文本阅读上为好，内外结合，指导方法。课内文本阅读毕竟不同于名著阅读，课内文本短小、独立，学生能在一节课的时间内从中有效地提取信息，学习阅读的方法。学生在课内可在教师的引导下细致地走入文本，品味字里行间

的联系,走入文字背后的世界,更重要的是,感知不同文体文本的特点,以及不同的阅读方法。例如,教师可抓散文的某一主题,引导学生感受散文"形散神聚"的特点,也可引导学生走入画面,感受散文的"情感一条线,语言成画面";又如学习诗词,教师可以通过一些教学策略让学生体会,"一切景语皆情语";阅读小说,则主要抓住其中人物、情节、环境等。不同文体的文本有不同的阅读侧重点,这种语感需要学生在课内文本的阅读中去积累。

文学名著,是人类精神世界的瑰宝。名著阅读,使人饱食精神文化的"饕餮盛宴",提高思想境界,提升文化素养。名著阅读应营造一种文化的氛围,除了让学生获得知识外,更应让学生的思维深入进去,并飞扬起来,探索精神世界的美好。

第二节　促进主动阅读的思维支撑

第 01 篇　培养主动阅读，
需要落实语文实践的"真"

　　各种版本的教材全解，各式各样的教辅材料，应有尽有的网上资源，既为当今的语文学习提供了强大的支撑，同时也压榨着学生的语文学习空间。2019年9月2日，笔者作为教研员第一次参加了天津市教育教研研究室组织的语文教研活动，在教研会上，龚占雨老师细致地分析了今天中考卷的变化和思考。其中，他的一番话引发了我的思考。

　　龚老师认为经过分析发现，但凡设计阅读能力考查的题型，学生得分就低，这是为什么呢？龚老师还举了个文言文教学的小例子，他认为学生学习文言文要引导学生真正经历学习、实践、体会的过程。如果老师让学生回家自己预习，自己翻译，这种"操作"也是存在问题的。现在学习资料这么丰富，学生是自己翻译的，还是只是做了教辅材料的搬运工，然后上课交流的都是教辅资料或者网上查来的资料，教师就不得而知了，龚老师称这种情况为课堂上的"假互动"。

　　对于龚老师的这一说法，笔者深有感触。我承认教辅资料的好，但又疑惑不知怎样运用它。在各种资料的包围下，学生的语文实践究竟能到哪种程度？会不会影响学生语文思维的锻炼和阅读能力呢？

　　笔者认为我们可以先从以下几个方面努力。

　　1.学生真的阅读，"舍掉"假的预习过程

　　以前笔者习惯引导学生学习每一课前要进行认真的预习，学生的书上也会写得满满的。在资料唾手可得的今天,我开始考虑去掉这一作业,尝试引导学生把预习留在课上,把对课文的初读留给课堂,引导学生逐渐舍掉对教辅材料的依赖,体会自主解读课文的成就感。这就要求老师要重新设计第一课时的内容,做出课型的转变,这也是创新的一个过程。

2. 教师真的备课,选取独特的教学内容

很多名师都告诉我们,教师首先要自己经历解读文本的过程,才能更精准而深入地引导学生解读课文。以前笔者曾忽视教参,后崇尚教参,现学会与教参为友,即在自己解读文本之后,再以教参为辅,选取符合目标和所教学生特点的教学内容。这些内容是有创造性的,是独特的,也是科学合理的,这样学生在课上真的会经历阅读思与悟的过程,没有机会再做资料的转述者。

3. 课件真的要用,选择恰当的使用时机

多媒体一直存在着争议,如果教师用不好就不要用。现在越来越多的教师在慢慢地脱离多媒体的控制,回归一本书一支粉笔的自然状态。但有的时候多媒体也能帮助我们进行语文实践效果的检测。还以文言文和诗歌教学为例,提前让学生预习也是可以的,只是学生预习完,究竟有多少内容可以留在脑子里呢? 这时课上就可以用大屏幕与书本的转换,让学生脱离资料的束缚,验证自己的阅读收获究竟有多少。

落实,落实,绝不只是落实字词诗句这些语文的基本知识,更重要的是要落实学生语文学习过程的"真"。

第**02**篇 核心素养导向下的深度阅读提问策略浅析

学科核心素养的实现终归依托于教师的"教"和学生的"学",而"教"和"学"的起始点又是什么呢? 古语有云:"学起于思,思起于疑。"疑问是开启学生思维的引擎,那么提问就成为教师"教"的开端,也是学生"学"的起点。

一、研究前瞻，站在巨人的肩膀上

课堂设问一直是教学研究中的热门话题。最早可以追溯到我国古代著名的大教育家、大思想家孔子，他说："不愤不启，不悱不发。"孔子就常用启发性的提问引导学生学习。就目前而言，国内关于语文课堂提问的研究主要集中在提问的功能、分类、主问题设置、提问的策略等方面。就中小学比较而言，小学语文课堂提问的实践策略研究较为多些。

在提问的功能方面，国内众多学者对此发表了各自的看法。梁志大在《提问的功能、原则与艺术》中指出提问具有如检测、导入、授课、总结、反馈、巩固等多种教学功能。荣维东教授在《语文教学微技能训练》中提出了，提问具有启迪思维、诊断评价、激励参与等功能。从众位学者专家的研究来看，可以看出提问是一种对课堂教学具有重大意义的教学行为。

在提问的分类方面，黄伟在《提问与对话：有效教学的入口与路径》一书中把课堂提问分为两类，一是根据逻辑学、心理学把问题分为封闭性问题和开放性问题；二是将其分为科学性问题和人文性问题。区培民在其著作《语文教师课堂行为系统论析》中从阅读教学角度将提问分为四个层次：其一是认知性问题，其二是理解性问题，其三是评价性问题，其四是创造性问题。荣维东教授在《语文教学微技能训练》中将提问按照认知水平、内部结构、具体方式、功能等方面各自又分成了一些具体的小类。

在提问的策略方面，赵雪梅老师在《初中语文阅读教学教师有效提问设计研究》中从因材施教进行提问、科学合理进行提问、富于技巧进行提问三个方面提出自己的观点和思考。曾毅、张树苗、郭利婷老师在《指向核心素养的阅读教学问题设计研究》中论述了核心素养与阅读教学问题设计的关系，以及指向核心素养问题设计的可行性和策略，从核心素养涵盖的几个方面出发，探讨了相应阅读问题设计的策略。在主问题设置方面，从文章思想内容入手、从情感入手、从文章结构入手、从题目入手、从文章链接点入手、于文章空白处提问、于文章矛盾处提问、于文章关键处提问等，在荣维东、余映潮等诸多专家、名家,及一线教师的文章中都已为我们提供了可以借鉴的经验。

了解了已有的研究成果,我们才能更加科学地确定选题方向。我们发现对于课堂提问的研究停留在理论层面的较多,较少能结合初中语文的具体课文进行分析,缺乏更多坚实有力的教学实例。而且多数成果是对课堂提问进行整体性的研究,聚焦提问相关的某一功能或某一类型的研究较少。在核心素养指导下的课堂提问的相关著作和论文更是少之又少。所以我们在核心素养指导下对初中语文,特别是阅读教学提问的深入研究是非常有意义的。

二、理论诉求,站在专业的高度上

以往对于课堂提问研究的理论支持大都是建立在建构主义、多元智能、口语交际等理论之上,核心素养的提出为我们进行课堂提问研究提供了直接、相关的理论依据。

(一)核心素养的内涵及特征

《义务教育语文课程标准(2022年版)》提出义务教育阶段学生核心素养包括文化自信、语言运用、思维能力、审美创造四个方面。

核心素养是一个有机的整体,其要素之间并不是孤立存在的,而是彼此融合,相互依存的。语言运用是核心素养的基础及专业诉求,其他三个要素主要也是以它为本。语言是思维的外壳,语言运用与思维能力是相辅相成。学生通过语言阅读并走进优秀作品,通过思维体验、感受、领悟其思想魅力,获得审美体验,并能通过语言和思维表达美、创造美,从而形成自觉的审美意识和能力。语言文字是文化的载体,学习语言文字的过程,就是进行文化思考、文化鉴赏、文化创造、文化理解、文化传承的过程,更是建立文化自信的过程。因此,语文学科核心素养是不可割裂的相互融合的整体,在阅读、思考、表达这一完整过程中相互作用。

（二）核心素养导向下的教学策略

核心素养既关注学科的个性素养，又关注各学科的综合素养；既关注学生学科发展，又关注学生长远发展，体现了教学中由学科本位到人本位的转变。因此，在核心素养的指导下，学应是教学的出发点、落脚点，教学的中心、重心在学而不在教，教学应该围绕学来组织、设计、展开。基于学生学习的教学不仅是教学本质的体现，也是学生形成核心素养的必然要求。在核心素养的指导下，在这一教学观的关照下，情景化策略、深度化策略、活动化策略、自主化策略等都可以进行更为深入细致的关联性研究。本文仅选择深度化策略略谈一二。

（三）核心素养导向下的深度化策略

1976年瑞典学者费尔伦斯·马顿和罗杰·赛尔基于学生阅读的实验，针对孤立记忆和非批判性接受知识的浅层学习，首次提出关于深度学习的概念。所谓深度，指的是触及事物内部和本质的程度。倡导深度学习，防止学科知识的浅层化和学生思维的表层化，是学科教学走向核心素养的一个突出表现。

就语文阅读而言，深度阅读是相对于浅层次化、表层次化而言的。而浅层次化、表层化阅读有以下几种表现：

1.阅读有依赖。书上怎么说，老师怎么讲，学生就怎么应和，人云亦云，集体问答充斥课堂，学生不会自己去发现问题，跟着尖子走，向着优秀看齐，不敢质疑，缺乏独立思考的热情。

2.阅读只看表面。往往知其一，不知其二；知其然，不能说出其所以然。阅读只流于表象的理解，记笔记，听老师讲的记笔记，思维达到语言层就浅尝辄止，不能深入思维层、审美层、文化层，不能进行完整的表达、丰富的表达。

3.阅读迟缓。有时因为提问设置不合理，导致课堂死气沉沉，学生反应平平，教师却讲得悻悻。学生阅读思维迟钝而不敏捷，阅读速度慢，不善于联想和想象，因而不能举一反三，触类旁通。

特别强调的是,我们往往会把深度阅读理解为教师首先对文本要有精深的解读,当然教师文本解读的深刻与细致是语文教师应具备的素养,但深度阅读更主要的是关注学生课堂上的深度参与、深度阅读、深度思考、深度交流,是学生深度的"学"。

三、策略浅析,站在经验的基础上

核心素养指导下的深度阅读提问策略,必须能最大限度地调动学生课堂的参与度。因此从提问功能的角度可以将其分为三类。笔者将从提问的方式入手来谈谈这三类提问。

(一)指向学习兴趣的提问

1. 以好奇设问,激发期待,提高学生阅读的主动性

说到讲鲁迅的文章,很多教师习惯于从其内容的丰富性和思想的深刻性设问,但有老师就打破了常规,问出了谁都没有想到的问题。《从百草园到三味书屋》一课,老师主问题是这样的:"我觉得鲁迅是百年来中国第一好玩的人,我们赶紧用心读课文,看看哪些地方体现了鲁迅的'好玩'呢?"接着,在学习三味书屋部分,老师又问:"既然三味书屋不好玩,鲁迅为什么写它呢?"引导学生走进字里行间,更加细致地品味文中的情感。一个"好玩"一下子点亮了学生的眼睛,拉近了他们与鲁迅的距离。学生仿佛穿越时光顺着鲁迅和自己的童年经历走进了百草园与三味书屋,用"好玩之心"读"好玩之人"品"好玩之文",学生学到的不只是百草园的芳香与三味书屋的古朴,更有语文阅读的乐趣。

2. 以时尚设问,激发兴趣,提高学生阅读的积极性

还是以《百草园到三味书屋》为例,我读过这样一个案例:上课伊始,孩子们刚在教室读课文。走廊上却突然响起了《时间都去哪儿了》的手机铃声,孩子都笑起来,并跟着哼唱。这时,浙江省温州市第八中学的林婷老师灵感瞬间爆发,顺势而问:"同学们,人到中年的鲁迅一定也会感叹时间都去哪儿了,我们再次认真读文,想想看,鲁迅的时间都去哪儿了?"孩子们听

了立刻埋头书本,后来学生的发言积极踊跃,有理有据地表达自己的想法。学生总结:时间都用来调戏喷雾的斑蝥了,时间都用来找朋友了,时间都用来聆听田野音乐会了,时间都在三味书屋的后园的玩耍中溜走了,时间都在描摹绣像的画册里,时间在老师温柔的呵斥中了……教师让学生就着流行歌曲走入文中所描述的场景,与作者达成情感上的共鸣、心灵上的共振,令人叫绝。

刘国正先生曾提出:"教室的四壁不应该成为水泥的隔离层,应该是多孔的海绵,透过多种孔道使教学和学生的生活息息相通。"寻找时尚话题与语文教学的最佳契合点,既合乎青少年喜欢新事物的心理,又能体现语文的社会化、生活化。

(二)指向学科底色的提问

1. 以细节设问,激发思考,提高学生阅读的深刻性

余映潮老师在谈教材处理策略时说要选取"一点","就是或选取课文的最丰厚之处,或选取其最优美之处,或选取其最精致之处,或选取手法最特别之处,或选取其最繁难之处,或只选一个点,或选取几个点,组织起深入的品读教学过程。"这个"点"就是围绕教学目标,根据教材特点和学情特点,对丰富的文本内涵进行精选和剪裁,从一个细节挖掘开去,在有限的课堂教学时间内尽可能深入地走入文本,接近作者,从而高效地完成教学任务。所以,选点品读,是细读,也是深读。《孔乙己》这篇小说历久弥新,一代又一代人在读它,读到了小说中的"笑",小说中的"我",小说中的"看"与"被看",小说中的"的确"和"大约",小说中的"排"和"摸",还有那个呈现事态的酒店和那滋味无穷的酒,还有孔乙己的长衫、脸和手……当我们以为我们读得足够细的时候,其实,读经典的旅程还在继续。

2. 以咬文嚼字设问,激发探究,提高学生阅读的扎实性

替换法是我们语文教学中咬文嚼字常用的方法。肖培东老师执教《怀疑与学问》一课,先后问学生是否能替换标题、段落、句子,学生在思考过程中可站在高处俯瞰文章结构之谨严,还可俯下身子细究文章用语之周密。如对承上启下的关键句"怀疑不仅是消极方面辨伪去妄的必需步骤,也是

积极方面建设新学说、启迪新发明的基本条件"进行替换教学活动时,不仅从大处入手,把句子替换成两个单句,把两个句子替换到文章的不同位置,还从微观进入,对这个句子的关键词语"必需"和"基本"进行替换。又如对"怀疑、辩论、评判、修正"这四个词语的顺序进行替换,使学生发现内在的递进逻辑关系。总之,教师要胸中有丘壑,贴着言语形式去层层设问,才能造就有思维深度的课堂。

(三)指向思辨能力的提问

1. 以不懂设问,激发质疑,提高学生阅读的思辨性

一位教师在讲授《社戏》一课时,请学生梳理课文,看看还有哪些地方没有弄懂。有学生举手说:"作者写我的很重的心忽而轻松了,身体也似乎舒展到说不出的大,为什么说'我'的心很重呢?"教师带着学生再次默读文本,层层剥茧,发现了从借不到船的失望,到母亲阻碍的痛苦,再到想象小伙伴们欢声笑语的孤独,到不能一吐委屈的压抑,到双喜打包包票时的希望,到终于成行的舒展,到误认戏台的急切,到看戏的无聊,到偷罗汉豆的快乐,等等。几经转折,起伏有致,张弛有度。鲁迅没有刻意制造波澜却波澜起伏,娓娓道来却引人入胜。教师没有刻意深入却左右逢源,"只落一子,满盘皆活"。在教学时强化"质疑"环节,其实是在感知的基础上带领学生向语文味浓郁处漫溯,在文章中挖掘出不寻常之处。

2. 以挑毛病设问,激发批判,提高学生阅读的科学性

批判性阅读方法用于阅读,符合中学生挑战权威的心理。王唐平老师在教学《苏州园林》时引导学生给"优秀的语言艺术家"叶圣陶挑挑语言上的毛病,不挑不知道,一挑吓一跳,《苏州园林》的语言还真美,美得无可挑剔。也许有的教师会想:既然这么完美,为啥还让学生傻乎乎地去挑毛病?其实,通过质疑、求证,我们对叶老高超的语言艺术有了更深的认识,对文章的内容有了更深的理解。这就是批判性阅读。批判性阅读并不是为了挑毛病,而是把挑毛病作为学习的起点和学习的方式。大胆质疑,但说无妨,小心求证,谨慎断言。钱梦龙老师说过:"如果我上的某些课看起来似乎还有些灵气的话,那不过是我'借用'了学生的智慧而已。"(注明:以上课例大部

分来自读过的名家或优秀老师的课例）

以学习为中心，学生是课堂的主人，是我们一直以来的追求。核心素养的提出，更让我们对这一目标确定、一定，以及肯定，之所以我们没有与这个目标渐行渐远，是因为我们都愿意为之不懈地努力，尽管方法可能拙笨，尽管方向可能走偏，但好在我们与同伴前行，让我们就这样继续朝着这个目标不遗余力努力下去，课堂是挺进的旅程，曲径通幽最是风景！

第 03 篇 七八年级文言文阅读进阶的几点思考

文言文距离我们遥远，其语意与语法等与现代大不相同，因此文言文学习也就有了一定的难度。好在我们有一定的模式可寻。在长期的教学研究中，模式化教学成为被我们认可的一种"靠谱"的教学路径。然而，我们是否需要进一步思考，如果陷入模式的"套路"，文言文教学是否就有效了呢？例如，七八年级文言文学习都只遵循着疏通文义、掌握内容、了解背景、体悟思情这样的模式，那么除了篇幅增长、难度加大，以及各篇各有特色外，这两个年级的文言文学习又有什么区别呢？

为了让自己对这一思考有更加清晰的认知，笔者尝试寻找一些支撑，力求找出一点启示和一些方向。

《义务教育语文课程标准（2022年版）》（本文下面简称"课标"）"7~9年级"学段要求中提到："诵读古代诗词，阅读浅易文言文，能借助注释和工具书理解基本内容。注重积累、感悟和运用，提高自己的欣赏品位。"

笔者注意到了这几个字及词，"能借助注释和工具书理解基本内容"中的"能"，"注重积累、感悟和运用"中的"注重"，"提高自己的欣赏品位"中的"提高"。静心体会这几个字或词，我们会发现它们的实现都需要一个过程，不是一蹴而就的。各个学段相互联系，螺旋上升，那学段内各年级之间也应如此。就文言文学习而言，七八九年级相互联系，螺旋上升，由"不能"

渐渐到"能",由"不注重"到"越来越注重",由"不高"到逐渐"提高",学生主观能动性越来越强,学习能力越来越强。

以"能借助注释和工具书理解基本内容"中的"能"为例,七年级学生刚刚接触文言文,需要教师的引导,因此教学时多练习一些理解文意的途径是必要的,例如借助注释、工具书等,授予一些翻译文意的方法是必需的,例如留、换、调、引、增、删等。这个阶段,我们可以遵循程式化的模式,逐步引导学生掌握学习文言文一般的方法,即所有文言文阅读都可通用的方法,如上文所说的疏通文义、掌握内容、了解背景、体悟思情等。到了八年级下学期,我们需转变模式助力学生文言文阅读能力和阅读思维的发展,按照目标,八年级下学期是至关重要的"桥梁"阶段,前面有方法的习得,后面就要达成"能"这个目标,所以这个阶段既是对前期所学一般方法的落实,又要进一步丰富学生文言文阅读的经验。就八年级教材特点而言,其更加注重文体特色,文言文亦如此,因此,我们可以为学生丰富基于文体意识的阅读方法,例如八下第三单元的游记,引导学生掌握理游踪,抓景物特点,借景思情等阅读方法,为学生今后自主阅读游记提供更多的可能性,同时更加有利于学生日常写作经验的积累。这时我们就要思考仍停留于程式化模式的文言文教学是否合适了。

简言其他两个词,"注重积累、感悟和运用"中的"注重",七年级教师引导"注重",八年级就应达成学生初步掌握"注重"的方法并养成"注重"的习惯。"提高自己的欣赏品位"中的"提高",七年级教师提供模式、方法扶着"欣赏",八年级就应放手鼓励学生多元化"欣赏"等。

这个过程实际上也是体现学生主体地位的过程,如果教师在教学过程中能将学生的主体地位贯彻到位,那么学生的能力和思维也能得到应有的发展。但是观察咱们的课堂,文言文学习还是教师把持得多些,教师让记什么,学生就记什么,教师问什么,学生就答什么……从这个角度反思七八年级文言文学习,我们可以有以下思考:八年级下册的文言文学习是否能达成学生的前期自读,是否能让学生自己整理一课的词语重点和语法知识,是否能让学生自己研读学习重点和难点等,教师只是点拨、启发,引导学生进行思维突破。

学生思维逐渐受到课程改革和教学研究的重视。很多"基于学生思维"的相关论文和成果相继出现,但是这些研究仍处于一种零散的、浅层次的状态。在这些研究中,SOLO 分类理论常被用来做理论支撑,把这一方面的研究导向"序列化"。笔者在做"双师产品项目"开发时接触到了 SOLO 理论,读到郭思凡老师写的《SOLO 分类理论在中学文言文教学中的运用》一文颇有感触,特别是文中将 SOLO 分类理论与学生认知水平、思维操作、文言文学习行为特征建立的对应关系,如下表:

表 2-4　SOLO 分类理论与学生认知水平、思维操作、文言文学习行为特征的对应关系

SOLO 分类理论	思维阶段	思维操作	文言文学习的行为特征
前结构水平	低级阶段	问题和线索分不清楚,无法回答问题	基本文言字词的意义不清楚
单一结构水平	低级阶段	凭借单一内容就直接过渡到问题答案	掌握基本字词含义,并通过字面含义推测作者的情感
多元结构水平	中级阶段	对问题有更多理解,能从不同角度去思考,但缺乏整合能力,没有形成知识网络。	能简单分析文章中的写作手法以及作者的思想感情。
关联结构水平	高级阶段	能够利用已有条件多元解决问题,并能整合各种答案,已经形成知识网络。	能结合写作背景、写作技巧分析作者思想情感。
拓展抽象结构水平	高级阶段	在多元解决问题的基础上,概括相关规则并能运用。	学习相关的写作手法并能运用在日常写作中。

表中将学生在学习文言文时的行为特征依据 solo 分类理论也进行分层,有利于我们在教学实践中进行自我对照,进行课堂观察;有利于帮助我们解决文言文学习重知识轻思维的问题。依据 SOLO 分类理论的五个层次,文言文学习的行为特征也被分为五个层次,同时对应的思维阶段被分为低、中、高三个阶段。我们可以将这五个层次、三个阶段融合统一并在各个年级有所侧重地进行观察和培养。例如,七年级在教师的引导下熟练掌握低级阶段的两个学习行为,七年级下学期要求学生自己独立完成。八年级低级阶段的任务由学生自主完成,教师引导着重训练中级阶段的学习行为,

八年级下学期学生能就文章中的写作手法以及作者的思想感情自主地进行简单的分析，能自主结合写作背景、写作技巧分析作者的思想感情，课堂上可以实现较为充分的交流，教师要运用点拨、启发相关写作手法。九年级就更加注重相关写作手法在日常写作中的运用等。

第❹篇　关于"迁移"能力的一点拙见

"迁移能力"，是中考文言文阅读时的必备技能，也是课外文言文阅读的一种基础能力。但是，教师们在教学中更多强调的是结果的使用，很少从过程的角度关注该能力养成需要的方法。

那么，"迁移"能力的培养需要什么样的方法呢？

说到"迁移能力"的培养，教师们都会认同一点：需要一定的文言文积累。但是总是强调积累，教师却没有在潜移默化中告诉学生如何一步步去积累，口头上的"积累"毫无意义，以此为基础的"迁移能力"也难以养成。

学生从积累到迁移，不只是对于每课文言文书下注释的背默，还需要有一种意识和一种方法。

这种意识就是比较整合的意识，即教师从七年级开始就在文言文字词的讲解中能跳脱本课，勾连前后所学，从横向、纵向等不同角度引导学生比较不同，整合相同，灵活多样地积累一词多义、古今异义、此类活用、特殊句式等文言知识和现象。例如，在讲《孙权劝学》一课时，教师是否能将本课重点需要学生掌握的称谓语与七年级上学期《世说新语》后的"敬辞与谦辞"相联系，进而引导学生了解文言称谓的分类和用法。语文教师如果能从教材体系的角度去关注文言文是如何安排的，每篇文言文之间又存在怎样的联系，那么对于学生文言阅读和积累指导会更加到位、深入。

又如，还是在学《孙权劝学》中的"乃"字，教师是否能引导学生注意以前学过，或者今后可能学到的语境中"乃"的用法。学生并不是进入初中才开始学习文言文,他们在小学就已经具备一些文言学习的积累,如果从七年级开始教师有意识地引导学生学会比较整合,将自己学到的文言知识结构化,那么八年级学生就可以试着进行自主地比较整合,这种意识逐渐强化,到九年级再接触到课外的文言文时,学生的这种意识就会自觉跳出来:这个字在哪一篇中学到过,那个词在哪一篇中积累过,这个句式我曾经这样总结过……这样才有可能形成"迁移"的能力。

一种方法,即在上述基础上,老师可以从比较整合的角度给学生布置作业,七上可以带上小学的积累,七下带上小学和七上的,八年级带上七年级的,九年级在带上全初中学段的,这样经过比较、分析等思维过程的积累会使单篇书下注释的背默效果更加强化。另外,教师也可以创新作业形式,例如学生自己制作文言词典、文言小报、文言训诂小文等。这些作业可以放在文言文阅读阶段,让学生结合以前所学整理并丰富本学期学到的重点实词和虚词,选择自己喜欢的方式,相信整个初中阶段学生阅读文言文的成果也会不少呢。

第三节 推动主动阅读的文体效能

第①篇 此处无形胜有形
——以《怀疑与学问》为例谈初中议论文教学

纵观当前的实用文教学,要么模式化严重,沿着论点、论据、论证的搜寻分析之路,分条缕析地走着不亦乐乎,实际上模式化的学习消磨着学生阅读兴趣;要么就是走王荣生教授所说的"仿拟记叙文"的套路,教得跟普通的记叙文并无二般,学生的思维也得不到应有的发展。

大家在实用文上的解读还是比不上文学阅读,因为它没有那么感性优美的语句,没有动人深刻的情感,却有明确清晰的知识系统。实际上,实用文中的理性思维对学生的发展至关重要。因此,我们必须沉下心来,用上力来,舍得给实用文应有的时间和精力,给予它足够的重视。笔者就研读《怀疑与学问》一课谈谈对实用文教学,特别是议论文教学的一些思考。

一、化专用术语于"无形"

议论文包含论点、论据、论证方法等专业术语,教师们也通常从这几个术语入手进行模式化教学,先找出论点,再找论证方法,分析论据等。但是阅读现行部编本教材和教参,我们不难发现,论点、论据这两个专业术语在其中并未出现,而是以观点和材料称呼居多。以九年级上册为例,九年级上册第二单元的单元导语写道:"要了解议论性文章的特点,把握作者的观点,区分观点和材料,理清论证的思路,学习论证的方法。"第五单元的单元导语写道:"要注意联系文章的时代背景,把握作者的观点;注意分析议论性文章所用的材料,理解观点和材料之间的联系,掌握论证方法。"因为初中阶段接触的是"议论性文章",不仅包含典型的议论文,还包含演讲、悼念词、书信等说理性文章,范围比较广泛,提观点和材料更加贴切,这也便于学生形成阅读思维,进而能阅读更加广泛的议论性文章。

我们教学中为了给议论文教学增添一些吸引力,可以把模式化的术语隐没起来,不必一开始就旗帜鲜明地让学生找论点和论据,而是让学生在读文解文的过程中自然而然掌握观点和材料。例如《怀疑与学问》的第一版设计时笔者就曾经从题目的"与"字切入,让学生在文中画出准确解释题目"与"字含义的句子,学生进而理解找到的这些句子,为这些句子归类并命名。中心论点和分论点自然在学生的口中明晰起来。后来,再让学生找出能支撑"与"字关系的句子,进而分析那些名言和例子等材料。

二、化教师主导于"无形"

议论文教学除了给学生一些文体知识外,更重要的是训练学生学习文章的理性思维,不仅让学生会读议论文,而且还能像作者那样思考问题、研究问题。因此,议论文教学,其中蕴含的思维内涵是不容被忽视的。《怀疑与学问》一文是现代著名历史学家顾颉刚先生的一篇议论文,顾颉刚先生是"古史辨"的创始人,可以说"怀疑"是他一生治学的法宝。他的文章里不仅提出了怀疑精神的内涵,而且示范了如何追问、如何质疑,列举了怀疑的例子和好处,那么学生学习这篇文章,应该重在培养一下自身的怀疑精神,在《怀疑与学问》的第二版设计中,笔者引导学生从题目入手进行质疑,其实就题目质疑很简单,但是却直指文中的核心内容,什么是怀疑?什么是学问?怀疑与学问的关系是什么?学生再读文解决这些问题,那么此篇文章该理解的观点学生就已经能理解了,甚至从中可以看出整篇文章的脉络,如在解决"什么是学问"这一问题时,学生找出了关于学问的句子,辨别、删减、提炼，发现这篇文章从开头的"学问"到结尾的"学术"，从前面的"传说"到后来的"哪一本书，哪一种学问"，再到新学说、新发明、新理论、新作风，学问的内涵在文章的始末不断丰富、深化，足以与作者层层递进的论证相映衬。

虽然我们一直追求以学习为中心的课堂，但仍是以学习之名行师本之实，教师主导，教师发问，教师牵引，学生只是配合，甚至做了教师的"点读机"。特别是需要理性思维活跃的议论文阅读，教师如果仍然不肯放手，而以平面化问题推进，学生只是检索、提取，那么没有学生思维在场的课堂，学生又怎会主动参与，更不要说爱上语文课了。

三、化思维训练于"无形"

"议论文阅读经验的核心是一种理性思考和分析能力。"除了引导学生以怀疑进入议论文阅读外，我们还可以尝试培养学生一种质疑能力，这样他们学到的不仅是一篇《怀疑和学问》，更具有"怀疑是做一切学问的基本条件"的意识了。在《怀疑和学问》的第三版设计时，由于所面对的学生已经学习了一课时，笔者所思考的就是要给学生一种方法，进而帮助他们形成一种质疑的能力，所以笔者在设计时用心思考了几种质疑方法，最终确定了一种运用方便且有效的质疑方法，并为它取名为"替换质疑法"，特别适用于实用文体阅读，就是针对文中连用的词语、短句质疑"是不是能调换顺序？为什么？"还可以针对段落质疑："是不是可以调换顺序？为什么？"以及针对文中的材料质疑："是不是可以调换顺序？为什么？"此外，替换质疑法还可以有一些变身形式，如"是不是可以去掉一个？""是不是可以换成其他……"这种方法简单易学。于是上课开始，笔者就把学习"替换质疑法"当成了本课学习的目标之一，故弄玄虚一番，引起学生极大的兴趣，再抛出这一种方法，给以课后拓展研究的例子，学生一下明白什么是"替换质疑法"，然后以就段落质疑，学生提问、研究，在体会质疑带来学习动力的同时也进一步理清了作者的论证思路。接着学生跳出段落的范围，自己运用替换质疑法再次研读文章,实践这一方法。最后课堂结束,学生又提出很多有价值的问题。看似问题没有解决,但真正有效的学习不是"已经都会了",而是又源源不断地产生新的问题。如果学生真正学会了这一方法并在今后运用自如,那么他们就掌握了一种阅读思维,并从中获得给养,何乐而不为呢!

王荣生教授认为:"我国公民实用文阅读能力普遍的极为低下,受过大学中文系教育的语文老师,害怕读'理论书',也不太理性解读。"我们也常常看到这样的评论说现在的学生不会写论文等,语文学习重在积累,不是一蹴而就的,所以,我们应给与初中议论文、说明文等实用文教学足够的重视,也应着力做点改变。

第⑫篇　初中语文"实用性阅读与交流"任务群的解读与建构

——以统编教材八上第一单元"新闻阅读"为例

《义务教育语文课程标准(2022年版)》(以下称为新课标)指出:"义务教育语文课程结构遵循学生身心发展规律和核心素养形成的内在逻辑,以生活为基础,以语文实践活动为主线,以学习主题为引领,以学习任务为载体,整合学习内容、情境、方法和资源等要素,设计语文学习任务群。"学习任务群对于义务教育阶段的语文教师是个新概念,特别是如何在现行教材中贯彻、落实,更成为一线教师关注的焦点。

按照郑桂华老师《义务教育语文学习任务群的价值、结构与实施》一文中所说,20世纪末进入信息时代,我们的社会发生着巨大的变化,人类知识暴长,传播方式发生变化,社会生活内容日趋多样、复杂……语文课程建设不断面临着挑战,而基于核心素养的语文课程正是对时代的应答,"学习任务群"便是培养核心素养的有效载体。

一、把握新课标要求,理解学习任务群

根据新课标"课程理念"部分对学习任务群的描述,我们可以看出学习任务群是在学生身心发展规律和核心素养形成的内在逻辑的指导下,由特定的学习主题以及主题下具有内在关联的系列学习任务组成,引导学生进行以语文实践活动为主线的学习活动。学习任务群的设计需整合学习内容、学习情景、学习方法、学习资源等要素,体现情境性、实践性、综合性等基本特性。

(一)从学习任务群看学习主题

我们可以从挖掘学习主题的角度来解读学习任务群,从而把握本任务群的学习内容。王潭娟老师和徐鹏老师在《义务教育语文学习任务群的结构关系及教学建议》一文中指出学习主题分为三大类:第一类是宏观主题,包括三大文化、优秀成果、科技进步、日常生活等;第二类是由宏观学习主题演化而来的中观学习主题,主要体现于各个学习任务群在学习内容中提及的探究问题等;第三类是实际教学中教师选用的微观学习主题。新课标"实用性阅读与交流"任务群在"教学提示"中建议第三四学段可以围绕"拥抱大千世界""创造美好生活""科学家的故事""数字时代的生活""家乡文化探究"等主题,开展阅读与探究活动,引导学生关注社会,表达和交流自己在生活中的发现和感受。这里即是提供了中观主题的维度和程度,教师可以在实际教学中选取这些主题,又或者自己根据实际情况设计新的学习主题。

(二)从学习任务群看学习内容

学习主题为引领,为我们指明学习的方向;学习任务为载体,为我们指明学习的路径;而学习内容则是告诉我们要学些什么,它是支撑学习主题的"基石",是构成学习任务的"血肉",也是连接二者的"纽带"。因此,我们有必要理解学习任务群中涉及的学习内容。

就"实用性阅读与交流"任务群而言，第四学段包括三类文本的阅读与交流，分别是叙事性和说明性文本、科技类作品、跨媒介阅读与交流。对于这一部分内容，我们可以抓住几个动词来解读这一学段的学习内容，即阅读、欣赏、关注、交流。学生首先要培养阅读实用性作品的能力，探究不同类作品之间的特点、表达方式、表达效果等，然后打开课内到课外的通道，学会欣赏生活，欣赏大自然，欣赏人类的科学创造等，关注祖国的科技创新和社会主义建设成就，更要形成能根据不同情景、目的、对象，选择合适媒介进行交流沟通的能力，最为重要的是学生要热爱生活，感恩生活，激发创作精神。

（三）从学习任务群看学习方法

新课标中提到，语文学习任务群由相互关联的系列学习任务组成，共同指向学生的核心素养发展，因此除了学习主题、学习内容，我们还可以从学习方法的角度来理解学习任务群。在新课标的指导下，日常教学中我们可以在学习主题的引领下，围绕学习内容设计系列的学习任务，有大任务、小任务，也可以构成任务链等。设计本任务群的学习任务时，教师需把握两个原则，一是创设情景。新课标"实用性阅读与交流"任务群"教学提示"中建议应紧扣"实用性"特点，结合日常生活的真实情景进行教学。二是设计语文实践活动，以此为主线，组织学习活动。"教学提示"中具体提到可以采用朗读、复述、游戏、表演、讲故事、情景对话、现场报道等学生喜闻乐见的形式，将识字、写字、阅读、写作、口语交际、搜集处理信息等融为一体，当然教师还可以结合地域特征、学校特色，以及学生特点，创造性地设计其他学习活动。基于以上两点的学习任务设计既体现了学习任务群的基本特征，又体现了"实用性阅读与交流"任务群的个性特点。

二、把握教材内容，建构学习任务群

学习任务群的大小是相对的、弹性的，因此对于任务的多少以及完成任务的时间等，我们不必做硬性的规定。如何实施学习任务群，我们需要学会"建群"，即"设计结构化的语文学习任务，融合学习任务群的关键要素"。

（一）在课标、教材、单元间"建群"

表 2-5　"实用性阅读与交流"

任务群总体描述	第四学段(7—9年级)	教材安排
本学习任务群旨在引导学生在语文实践活动中，通过倾听、阅读、观察、获取、整合有价值的信息，根据具体交际情景和交流对象，清楚得体表达，有效传递信息，满足家庭生活、学校生活、社会生活交流沟通需要	(1)阅读叙事性和说明性文本，发现、欣赏、表达和交流家庭生活、学校生活、社会生活和大自然的美好，热爱生活，感恩生活	八上第五单元
	(2)阅读科技作品，欣赏人类的科学创造，关注祖国的科技创新和社会主义建设成就，交流自己的发现与体会；学习为创造人类美好生活作出重要贡献的杰出人物的事迹，激发创造精神	八下第二单元
	(3)学习跨媒介阅读与交流。通过多种媒介关注国内外政治、经济、社会、科技、文化等方面的新鲜事，比较不同媒介的表达效果，尝试探究不同媒介的表达特点；阅读新闻报道、时事评论等作品，关注社会主义建设新成果，就感兴趣的话题与同学进行线上线下讨论，根据目的与对象选择合适的媒介进行交流沟通	八上第一单元

　　通过梳理，我们对本任务群的内容有更加清晰的了解。值得一提的是，新课标进一步强化了"表达与交流"的重要性，将其与阅读处于同等重要的位置，因此，我们的教学中也必须重视学生各种的"表达与交流"，特别是基于学习任务群的情景化的表达与交流。落实到第四学段的具体内容，我们发现，学习内容被划分为三大类别，涵盖了初中阶段可能接触到的实用性文本，明确了初中阶段应养成学生对这三类文本的阅读和交流能力。除了阅读与交流两个方面外，学习内容还增加了"必备品格"的养成，如热爱生活、感恩生活、激发创造精神等。这三大类文本主要对应了教材中的三个单元，但并不是彼此割裂的，而是相互交织，互为补充，例如八下第二单元既属于说明性文本，也属于科技类文本，应是在八上第五单元形成阅读和交流说明性文本的基础能力后，在八下第二单元进一步延伸说明文文本的阅读和交流能力，学习阅读科技作品的能力，并培养相应的必备品格。

（二）在教材、单元、任务间"建群"

以教材内容、课文篇目作为依据来设计学习任务，是便于操作且可行的做法。以八年级上册第一单元"新闻阅读"为例，仿照《义务教育语文课程标椎（2022 年版）解读》中的体例，整体设计如下：

用事实说话

一、学习主题和内容

（一）学习主题：用事实说话。

（二）学习内容

1. 文本阅读：《消息二则》《首届诺贝尔奖颁发》《"飞天"凌空》《一着惊海天》《国行公祭，为佑世界和平》。

2. 拓展阅读：朱启平《日本投降是临时休战》、霍华德·弗伦奇《日本又在粉饰侵略历史》、骆为龙《日本文部省在审定教科书时有意篡改历史美化侵略》、文洁若《日本人怎样看待当年的侵华战争》、李仁臣等《让历史警示未来在日本看"八·一五"》等。

3. 视频资料：全红婵在东京奥运会跳水女子单人 10 米跳台决赛的视频。

二、学习目标和课时

（一）学习目标

1. 了解内容，理解观点，感受文章体现出来的情感与立场。

2. 理清新闻各自的要素、思路、价值等，体会其运用事实的技巧。

3. 体会不同体裁新闻的语言特色，了解其写法特点。

4. 学习准确、负责、言必有据地交流，培养关注现实，关心时事、自主思考的习惯。

（二）课时安排

6 课时。

三、学习情景

全民阅读倡导至今，身边的同学、朋友、家人，越来越多的人愿意拿起书本,但在互联网飞速发展的今天,特别是自媒体的出现,对于新闻的阅读,大家更是习惯于"指尖浏览""屏幕阅读",但是网上总有不实报道,或是出于利益,或是别有用心,用错误观点、偏激情绪等影响着我们对事实的判断,乃至对世界的认识。我们需要学会选择新闻,阅读新闻,养成正确的新闻观。

四、学习任务与任务框架

(一)学习任务:新闻阅读。

(二)任务框架

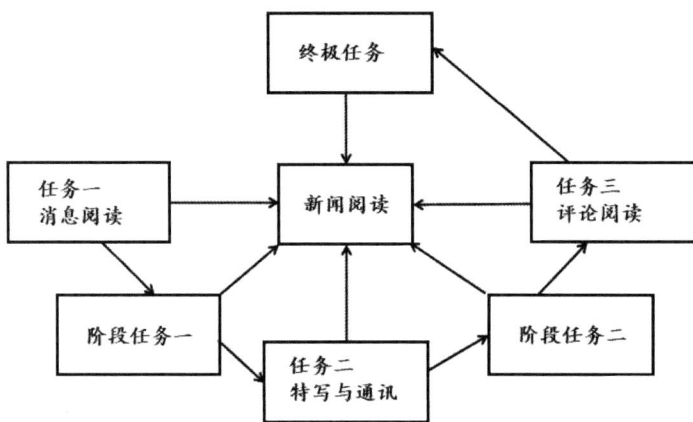

图 2-1　任务框架

(三)在单元、任务、课时间"建群"

在单元、任务、课时间"建群",教师需要将学习任务进行分解,进一步设计成小任务,形成相辅相成,不断递进的任务链,并科学地分布到各个课时。

按照《义务教育教科书教师教学用书》(八上)中的要求,新闻阅读除了要对新闻从新闻要素、新闻体裁、新闻特点等角度进行静态的解读外,还应进行动态解读,即结合新闻写作语境、新闻的读者以及新闻写作的目的等,分析新闻写作者是如何通过文字及时地传递真实信息和表达情感的。据此,本学习任务设计如下:

表 2-6　八上第一单元 学习任务"新闻阅读"

任务	课时安排	任务链
任务一 消息阅读	1.《消息二则》 1 课时	任务 1:前期阅读情况调查显示本班同学平时较少读新闻。结合中外新闻学界对新闻的几种说法,概括新闻的定义和特点,并在此基础上用几句话向同学发出新闻阅读的倡议 任务 2:为了帮助大家生活中更好地阅读消息,请结合注释、旁批、补白,划分这则消息的结构、要素,总结区分标题、导语、主体的方法 任务 3:结合不同的身份对消息的内容进行分析: 如果你同样是一名新闻记者,你是如何在消息中体现情感与立场的 如果你是一名新闻播报员,消息中哪些内容是用客观平缓的语气来播读,哪些内容可读重音呢
	2.《首届诺贝尔奖颁发》 1 课时	任务 1:为了展示自己阅读新闻的能力,结合已有的阅读经验,请划出消息的要素和结构,并准备为其他同学答疑解惑 任务 2:为了更好地班级推介新闻及新闻知识,你和一些同学组成新闻小组,第一个任务就是制作《首届诺贝尔奖颁发》积累卡,内容包括结构、语言、表达观点等,样式自己设计
阶段 任务一	请你运用不同媒体手段,选择一篇消息,划出结构,找出要素,体会新闻的特点(作业)	

任务	课时安排	任务链
任务二 特写与 通讯	3.《"飞天"凌空》1课时	任务1:新闻小组观看了全红婵东京奥运会跳水女子单人10米跳台决赛视频,准备尝试写一篇新闻稿。如果按照新闻消息的结构和特点,你们会写些什么?为了更好的报道效果,你们会重点写些什么呢 任务2:你们正好有机会向夏浩然老师和樊云芳老师请教,他们说特写是景深对焦。这则新闻里哪些句子将镜头聚焦?请选择相应语段读一读,并发表你的看法 任务3:樊老师说:"我们是专业体育记者。别人看花式,我们是分解动作,放大细节看技巧。"请结合文中具体内容谈谈你们的理解
	4.《一着惊海天》1课时	任务1:请仿照《"飞天"凌空》的旁批,试着从选材、语言、写法、价值等角度给《一着惊海天》至少三个旁批 任务2:比照《"飞天凌空"》与《一着惊海天》在选材、语言、写法、价值等方面的不同
阶段 任务二		新闻小组对全红婵的报道产生了分歧,有人认为消息更全面,有人认为特写更生动,有人认为通讯更详细。你会作何选择?请写你的看法
任务三 评论阅读	5.《国行公祭,为佑世界和平》1课时	任务1:新华社就"国行公祭,为佑世界和平"准备召开一次"记者见面会"。 (1)你是记者,请列出提问清单。 (2)你是发言人,请准备回答提纲。
终极任务		拓展阅读朱启平《日本投降是临时休战》、霍华德·弗伦奇《日本又在粉饰侵略历史》、骆为龙《日本文部省在审定教科书时有意篡改历史美化侵略》、文洁若《日本人怎样看待当年的侵华战争》、李仁臣等《让历史警示未来在日本看"八·一五"》等,也可从网上搜集每年的南京大屠杀死难者国家公祭日前后各种新闻报道,进行整理、筛选、重组、再创,制作《历史不会忘记》特刊,请尽量涵盖所学到的新闻体裁。

三、把握学习过程,评价学习任务群

《义务教育语文学习任务群的结构关系及教学建议》一文中说,由于以往的教师教育和培训中并没有引导一线语文教师形成"教学评一致性"的专业课程思维,在设计结构化的学习任务时,教师很容易忽略学业评价。可见,围绕学习任务开展过程性评价,设计相应的评价量表和评价方式,也是设计结构化学习任务至关重要的一环。

（一）评价建议

完成阅读不同体裁新闻作品的相关任务,任务成果便可作为评价的重要依据,如积累卡、提问清单、回答提纲、特刊等。阶段性任务也承担了某一种或者某几种体裁新闻阅读的检测功能。教师在评价中积极鼓励学生,充分并及时表扬学生在阅读新闻时表现出的积极的阅读态度、坚持的阅读习惯,以及良好的阅读方法等,关注学生阅读过程,侧重过程性评价。

（二）评价标准

表 2-7　评价标准

评价类型	内容	评价标准
过程性评价	消息阅读	1. 能用自己的话简要表述新闻的定义和特点。知道新闻要素,并能在新闻中准确找到这些要素 2. 能准确划分消息的标题、导语、主体等结构,并能表达不同结构的不同作用 3. 能积极选择不同角色表达自己的看法,结合消息中的语言或写法解释其是如何表达情感与立场的
	特写与通讯	1. 能从新闻特点和新闻效果的角度描绘特写中画面的美感 2. 能积极交流自己的看法,结合具体内容清楚、有条理地表达特写、通讯在取材角度、语言表达、新闻价值等方面的不同
	评论阅读	1. 在新闻发布会上能结合不同角色准确设计交流内容,积极、清楚地表达自己的认识和感受,体现此篇评论开阔的视野和运用事实的技巧,体现严正立场和充沛气势
终极评价	完成《历史不会忘记》特刊	1. 主题鲜明,栏目设置合理,新闻体裁恰当 2. 内容丰富,新闻长短搭配合理,可读性强 3. 形式包含图片、文字、照片等,使用准确,版面干净、整齐、美观

（三）评价方式

我们可以采用个人自评、小组互评、教师评定等多种方法相结合的评价方式,将评价标准和评价工具嵌入到学习活动之中,借助这些观察、搜集学生具体的学业表现,在学习过程中引导学生及时明确学习方向,及时调整学习行为,激发并维持学生学习兴趣,从而不断提升学习效果。

总而言之,"学习任务群在语文教学上的意义在于转变学生的学习方式,转变教师的教学方式"。例如以"教"为中心向以"学"为中心转变,机械被动的"学"向积极主动的"学"转变,浅表化的"学"向深度学习转变,层层琐碎的"问"向真实情景下的任务驱动转变等。同时,学习任务群对于教师也提出了更高的要求,如教师需要具备一定的研究能力,能够根据地域、学校、学生等不同情况设计出适切的学习任务,能为学生的学习提供有效、科学的支架,能巧妙地引导学生在语言实践活动自主完成学习等。对于学习任务群的研究,我们刚刚起步,还有很多不足,我们会继续探索,勇于迎接新课标带来的挑战,潜心研究新课标中的各种理念,为未来培养更多优秀的人才作出自己的贡献。

第03篇 部编本初中语文教材散文选文特点浅析

——以七年级为例

散文是打开文学世界的金钥匙。就文体概念而言,散文有广义和狭义之分。一般情况下,教师口中所谈及的散文主要指狭义散文,即"文学意义上的散文,是与诗歌、小说、戏剧等并列的一种文学样式"。就散文教学而言,正如王荣生教授在《散文教学教什么》一文中指出:"在中小学语文教学中,散文特指现代散文。"

散文教学历来在中学语文阅读教学中占据主导地位,其对于锻炼学生的阅读思维,提升学生的审美情趣,进而培养学生的语文素养,发挥着举足轻重的作用。"部编本"教材投入使用以来,吸引无数同仁研究的目光。大家总希望对其内容有更加清晰的认识，更加透彻地思考，从而能更加科学地把握语文教学该"教什么"。对于其中的散文选文，我们也有这样的期许。因此，在研读的基础上，在实践的求证中，对于"部编本"初中语文教材中七年级散文的选文特点，我们进行了一番探寻与思索。

一、回眸——与人教版旧教材的比较

我们不难发现，"部编本"初中语文教材(以下简称"部编本"教材)散文选文在编排上有了一些变化。

(一)选文篇目减量却不减质

与人教版语文七年级教材相比，"部编本"教材中的散文选文篇目有所减少。散文篇目减少了，就意味着更多的其他文体进入学生的阅读视野。另一方面，散文中的一些经典篇目依然保留了下来，如《春》《济南的冬天》《从百草园到三味书屋》《土地的誓言》《猫》《老王》《阿长与〈山海经〉》等。同时在"部编本"教材中，我们也读到了一些现当代散文中的精品，如《雨的四季》《回忆鲁迅先生》《叶圣陶先生二三事》《一棵小桃树》等。

(二)选文编排调整却不随意

"部编本"教材中的散文选文虽然也是根据单元主题编排的，而且主题内容与人教版七年级中的主题所差无几。但是"部编本"教材中单元主题的顺序发生了改变，例如，人教版旧教材是在学生刚进入初中生活时畅谈人生体味和人生哲理的，而"部编本"教材则从大家都容易产生共鸣的"四季美景"开始，再到"挚爱亲情""学习生活""历史人物"，到了七年级末才谈到生活哲理，内容由浅入深，贴近学生，由"小我"到"大我"的心理认知过程。

二、探寻——"部编本"教材散文选文的特点

"部编本"教材中散文选文在类型、内容、语言，乃至助读系统方面都有

了一些变化,呈现出新的特点。

（一）散文类型进一步丰富,体现时代性

除了我们比较熟悉的一些经典的写景抒情散文或写人记事散文外,如《春》《济南的冬天》《从百草园到三味书屋》《老王》《阿长与〈山海经〉》等,"部编本"教材中还增设了一些现当代散文的名篇,如《雨的四季》《叶圣陶先生二三事》《一棵小桃树》等。在散文的类型上,知性散文、怀人散文、状物抒情散文也丰富了学生的阅读体验,进一步为学生打开散文的精美世界。

（二）散文内容切近学生,体现真实性

我们阅读"部编本"教材中的散文发现,其内容更接地气了,距离学生的生活时空也并不十分遥远,散文取材来自作者身边的几件小事,或某些小物,多发自细心的观察,深刻的体悟,多来自实实在在的生活,去除了曾经一些距离学生实际生活较远的内容,更加符合学生在该年龄阶段的学习能力和认知水平,对于引导学生观察生活、体悟生活、珍惜生活起到了示范作用。

（三）散文语言优美细腻,体现生动性

"部编本"教材中的散文给人最大的感受就是一个"美"字。无论是写景、写事,还是写人、状物,语言都是优美又不失平实,细腻又不失生动,大大丰富了学生的语言经验,非常值得学生细细品味。这些散文的语言都镌刻着作者鲜明的风格特点,如梁实秋的知性丰厚、萧红的女性笔触、贾平凹的细腻悠长等,更为重要的是这些散文的语言记录下了作者独有的对人生,对生活的思考,进一步诠释着"文以载道"的意义。

（四）散文助读系统多层次构建,体现自主性

"部编本"教材重视学生主体地位,因此从选文的内容到形式,处处为学生考虑,服务学生的自学需要。"部编本"教材建构的助学系统,包括单元提示、预习（阅读提示）、注释、旁批、课后练习等。从预习到自读,再到细读,"部编本"教材为学生搭建了多层次的助读支架,注重学生阅读习惯和能力的培养。值得称道的是,这些助读系统除了关注文本的内容、思想情感外,也关注了散文本身的语言特点,在语文知识与能力的习得方面,也为学

生提供了"扶手"，这些知识与能力潜藏在每篇散文中，体现阶梯式特点。如七年级上册训练学生的朗读能力从第一单元的把握好重音和停连到注意语气、节奏变化，再到学习默读的几个层次，可见一斑。

"部编本"教材中散文的这些改变和特点是可喜的，这有利于锻炼学生的自主阅读的能力，,提升学生的审美情趣，进而培养学生的语文素养。

三、思索——与语文核心素养的关系

温儒敏教授在谈及"部编本"教材的创新点时指出"这套教材重新确定语文教学的知识体系，落实那些体现语文核心素养的知识点、能力点。""核心素养"是现代教育发展的出发点，语文教学改革也以核心素养为起点和归宿。肩负着推动教学改革重任的"部编本"教材必须在核心素养的培养方面发挥真真切切的效能。

"部编本"教材中散文选文语言优美、风格各异，注重学生从中学习语言风格和表达能力，这无疑为学生的语言素养奠定良好的语言基础。同时，不同类型的散文，进一步丰富学生的阅读思维，学生在文本中与不同的作家对话，在不同的生活中玩味，咀嚼不同的语言文字，这有利于学生思维的发展。这些散文文质兼美，以小见大的视角、变换生动的修辞、细而不腻的语言、优美鲜活的表达，无疑都会引领学生在品味与鉴赏中体悟"美"的味道，在潜移默化中提升学生的审美能力，并推动学生发现"美"，创造"美"。近年来，对文化传承的日益重视驱动着语文教材在内容选择上发生变化。一方面要兼顾传统文化，因为那是我国的瑰宝，也是我们语文教育的固有责任；另一方面，我们还要关注社会正在发生着巨大变化，满足这种变化下所产生的精神需求，引领学生丰富精神世界，深入体味生活，善于发现身边的真善美，努力汲取积极的力量。

"部编本"教材的亮相响应中央的决定，解决一线教师们的呼声，立足学生语文核心素养的发展，更体现了语文人不断求索、精益求精的奋斗风貌。虽然"部编本"教材的变化给我们带来了挑战，但"更为我们带来了专

业成长、教学改革的机遇"。研究的脚步不会停歇,我们将会在"部编本"教材的推动下继续在语文教学改革的道路上砥砺前行。

（特此说明:这篇文章主要是分析 2017 年部编本教材进一步修订后关于散文的变化）

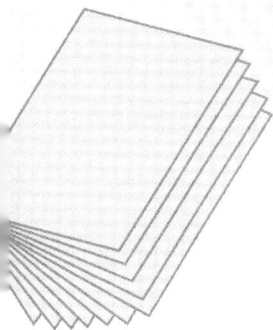

第三章

以评引读, 推动课堂实践

第一节　以小见大可为研究

第①篇　阅读教学思路谈

近日观摩了几节优秀的阅读教学课，笔者生出了一种有意思的想法——课堂上学生跟着教师学习就如同到一个陌生的地方游览，如果目标明确，指路清晰，那自然会在心中萌生出自信，积极性提升，步伐加快；如果不知去哪儿，不知怎么走，便会茫然无措，无法全心投入，步伐也会减慢……联系多年的经验，笔者认为老师的教学思路可以分为几种境界，这里借用王国维老师《人间词话》中的三种境界。

境界一：独上高楼，望尽天涯路。

老师文化底蕴丰厚，对诗文的解读超出俗套，颇有境界，两首登高诗比较阅读，旁征博引，博古论今，涵盖了诸多诗人的境遇与情怀，最后明了，原来诗人登的不是高山，而是远志，实在高也，此种解读，让教师们都啧啧赞叹，望尘莫及。诗文本身却被冷落至此，诗人的情怀不是从诗文的品读中来而是从大量的课外诗文和课外资料中来，学生的学习飘浮在课堂上，仰望教师，欣赏教师"独上西楼，望尽天涯"的优雅姿态。

境界二:衣带渐宽终不悔,为伊消得人憔悴。

教师解读独具匠心,以一个"异"字解读《狼》,以一个"辱"字和一个"不"字解读《马说》,扎根文本,学生细心品读,努力跟着教师的思路,觉得教师的解读甚有道理。学生始终以教师的引导为中心,努力跟着教师的思路品读文本,寻找着教师心中的答案。答对了,学生舒一口气;答不对,学生不知所措。一节课为了寻着教师的思路,学生努力终不悔,毕竟努力过,还是有所收获。

境界三:众里寻他千百度,蓦然回首,

那人却在灯火阑珊处。

教师带着学生学习《湖心亭看雪》,朗读完课文外,教师问道:"文中写的景美在哪里?"学生再次品读文本,发现了几处景美,教师再提点,学生又发现了作者寻得知音,进而补充资料,体会情美。随着教师带领学生一步步品读文本,学生终于发现这篇文章的痴景、痴人、痴情。教师看似普通的一个个问题,却把学生引到"藕花深处",最终品味文本"馨香",真是有种豁然开朗之感。

以上三种教学思路的境界,教师们各有喜好。但围绕这一阶段学习所思的"不能用教师的解读代替学生的解读",笔者有了一些的思考。

一是从"凝练"走向"开放"。我们阅读教学追求教学的整体性,因此,多用主问题来带动这节课的教学。无论是一"异"导入,还是一"辱"导入,都太过凝练,压缩了学生品读课文的空间,限制学生思维的广度,容易让人产生"用教师的解读代替学生解读"的嫌疑。以开放性的问题导入,更容易提高学生对课堂的参与度。

二是从文本解读的"高端发现"走向指向文本内容的"普通提问"。阅读教学,我们追寻"深入浅出"的境界,举重若轻的巧劲儿。以浅易激起学生品读文本的信心，激发他们思考的积极性，从而达到思考的广度和深度，所以从普通提问入手，正如《湖心亭看雪》，才能彰显学生的"不普通"。毕竟课上显示的终究不是教师的高端功力。

三是从"师说"走向"生说"。如果教师的教学思路无法激起学生的广泛参与，那么教师只能在课上侃侃而谈，上演"师说"的戏码，难免有些尴尬，学生的学习效果也会受到影响。教师的教学思路还是以学习为中心，以学生为主体，想办法让学生多说，这样的教学思路才能生出活力。

第⑫篇　莫冷落语言文字

这几日，笔者对八九年级的现代诗歌进行了文本解读的训练，听了相关的教学视频，有了一种思考：语文的美究竟是什么？这个问题很笼统，且老生常谈，如果教师都没有弄清楚这个问题，如何引导学生去发现语文的美进而喜欢上语文课呢？

也许你会说语文的美不就在于有韵味、有情、有画面吗？更深了去，也许你会说语文还有一种人文关怀，有道德情操的浸润……是啊，语文有韵味，那听听京剧、音乐，不更有韵味？语文有情感，那看看电视、电影，这种情感体验不更直接？语文有画面，那外出旅游欣赏山川美景不更是一种享受？至于人文关怀、道德情操等，更不是语文专属的意义。那么语文的美究竟在哪里？也许你会说，那些跟语文不一样。是的！不一样，究竟有什么不一样，我想语文与众不同之处最是语言文字即可显韵味、抒情感、描画面……更为重要的是，语言文字可以引发每个人独特的想象和共鸣。因此，韵味、情感、画面，乃至人文关怀，思想受教，虽大体相同，更有个体独有的差别。总而言之，语文是通过语言文字来传递美的。可是，我们目前的教学中常呈现出一种状态，那就是重表现手法，轻语言文字。

挖掘语言文字的美，何尝不是我们更应做的事情呢？我想我们首先要区别两种"细"。一种是说我们教学的确不能过细,过细而琐碎,琐碎而支离破碎,语文的美无法呈现;一种是文本解读的细,这是就教师备课而言,既然要给学生一碗水,我们都知道要打造一眼泉,语文如何开凿出一眼泉?这就需要教师对所教的文章进行地毯式解读。教师解读得越细致,上课引导学生才越有可能越灵动。这并不代表教师要把自己所解读的教学时都兜售给学生,而是准备充分,方能更加精准地选取教学内容。

就《祖国啊,我亲爱的祖国》而言,教学时肯定要引导学生把握各个小节的情感基调,为朗读打基础,然后品读使用的表现手法,找到诗中使用的物象,了解它们的意义。但是,对于这种物象的思考,仅仅是物象本身吗?当然,物象本身也是能表达出作者想要表达的意思,但只看物象似乎少了一些深入的味道。这首诗中物象之所以脱颖而出,更重要的是被那些形容词修饰的物象,只有这首诗独有的如此形容的物象,例如,破旧的老水车、熏黑的矿灯、干瘪的稻穗、失修的路基、痛苦的希望等,为什么又是飞天袖间千百年来未落到地面的花朵,以及为什么从"神话的蛛网"里挣脱等,还有那些不同于往常的表达方式,就像荣维东教授所讲文本细读的方法之一就是文本细读要抓住文中的"矛盾点",就是指那些与生活常理不相符的地方,与我们平时习惯的表达有差异的地方。例如《祖国啊,我亲爱的祖国》中为什么是"纺着疲惫的歌",而不是"唱着"?为什么是"蜗行",而不是"蜗居"等。还有《海燕》一课,除了象征手法的寻找、品味,各种修辞的赏析外,描写海燕的语言文字也是很值得咀嚼的。

语言文字的美,笔者无法用更加精准的语言去描述,借用教材中的话"品味语言是引领读者的感知力、领悟力通往课文的艺术世界的桥梁。成人读者也许凭着对作品形式与内容的直觉和精深的理解,可以急速地透过语言层面而探入作品底蕴"。我们不能深陷于语言文字的表达,但是可以在教学中,在恰当的环节,适当地咬文嚼字,向语言深处漫溯,让文章的品读深入下去,从而让学生的感悟力鲜活起来,让学生的思维鲜活起来。

第03篇 形式与内容

内容与形式本是辩证法的一对基本范畴，但它们也存在于各个领域之中。内容是事物一切内在要素的总和。形式是这些内在要素的结构和组织方式。他们之间绵延亘古的"博弈"可以说推动着人类思想史的不断发展。近期的一次工作经历，让我对这对"冤家"再次有了清晰的感触和思考。

市级展示课，这是每个一线教师都迫切渴求的机会。一旦拥有，教师们心中喜不自胜，然而却也要经历一番"痛定思痛"的磨课过程。

线下的恢复为我们带来了一些机会，市里的竞赛、市里的展示……免不了，我们要发挥教研员的作用，指导！指导？如何指导？可以直言，我曾对自己的指导技能挺有信心的，因为我的想法挺多的。这不，一节市级展示课，老师已经录了两遍，又来来回回讲了两遍，但我还是不满意，认为教学环节上不够适切。

当这一遍试讲结束，亲身经历过这样过程的我，本想走到讲台，给我们可爱的老师一个大大的拥抱，但是上课老师脸庞通红，表情失落，让我止步。瞧，自己就对自己的课"不满意"了……出了教室，我赶紧肯定老师，说这次有很大进步，挺好的，但是收获不大，上课老师依然面无表情。自己不满意，但又不知症结怎样解？这的确让人很难受。到了交流的教室，我还在顾我地说着环节上的调整，以为老师这样会豁然开朗，但他却是一脸茫然。直到其他教师还是要抓文本解读，上课老师的脸上才有了变化。

后来老师说，当时心里有个结，不知怎样解，直到有人说抓文本解读，他心里的结才打开。原来他过于纠结环节的设计了，而忽视了教学的内容……我沉默了，心中被狠狠地捶了一下。上课老师为什么会过于纠结环节的设计，不就是我的"指导"使然吗？在原本已经确定好的环节上，是我又总提出问题，让老师进一步修改，这会不会是对老师的一种误导吗？

当然,教学环节的研究是必要的,它涉及学生学习方式的转变,特别是2022年版课程标准颁布后,学生的学习方式又直接关系到课程核心素养的养成。因此,教学环节上的革新直接触发着学生学习方式的变化。我太急于想让学生从以往被动的学习方式转向自主实践的学习方式了,所以忽视了教学内容的重要性。教学内容扎根于老师对文本的解读。教学环节与教学内容这一对概念之间是不存在"谁对谁错"的问题,只是要做到兼取所长,互融共生。

指导,不是这么指导的,我对指导的理解还是存在偏差。今后,我要做的是先帮助老师夯实文本解读,再进行教学设计,最后打磨教学环节,帮助老师扎扎实实地提升教学水平。

第04篇 "初读"那些事儿

2023年的寒假,《经典常谈》空降课本,替换了原本的《傅雷家书》。2023年4月4日,笔者听了天津市滨海新区大港海滨第三学校孙辛未老师的一节课——《经典常谈》选择性阅读,它还有个文学性的名字"品读经典,雕琢文心"。

表 扬

听着孙老师的课,笔者感觉她又进步了,特别是教师语言和引导,那么生动、丰富,那么亲切、自然,表现出一位语文老师应有的表达功底。她的教学设计也是越来越成熟,下面展开分享一下。

一、阅读阶段定位准确

说实话,《经典常谈》不"好"读:内容零散,无故事性偏学术性;语言难懂,远离学生实际所学;内涵深奥,涉及多部古代经典……这样的一本书,怎样让学生感兴趣,是我们面临的首要问题。

孙老师的这节课从整本书阅读的角度出发,设计了三大阅读任务,如下:

一是学习并运用选择性阅读方法进行阅读。

二是阅读全书,感知《经典常谈》的主要内容。

三是明确读经典的意义,养成读经典的习惯。

孙老师的这节课把阅读阶段定位在"初读"阶段,也就是要完成第一个任务"学习并运用选择性阅读方法进行阅读"。一本名著的阅读设计,首先要进行的就是准确定位阅读阶段。只有定位了阅读阶段,教师才能结合学情准确设定阅读任务。通过不同阅读阶段的衔接,学生的名著阅读效果才能有效落实。孙老师准确定位阅读阶段,并设计了适合这一阶段的阅读任务。

二、情境创设体现真实

2022 年版课程标准中所提到任务群具有情境性、综合性、实践性的特点。这些特点指引我们日常教学逐步趋向情境创设的探索。孙老师在阅读初始便创设了这样的情境:

学校一年一度的读书月活动即将开展,朱自清的《经典常谈》是本次读书月八年级的推荐书籍之一,请你围绕《经典畅谈》完成以下学习任务。

这一情境源于学生的实际学习生活,是他们熟悉的情境。学生在这样的情境中完成的任务服务于他们真实的学校活动,实现了课内与课外的巧妙衔接,也在一定程度上体会了阅读经典带来的最直接的效用。

三、任务设计蕴含逻辑

在上述情境下,孙老师还设计了三个具有内在逻辑关系的子任务,如下：

一是阅读教材中《经典常谈》的导读部分，选择其中一些关键信息，结合你的初读感受，为《经典常谈》写一则推荐语。

二是小明同学认为《经典常谈》涉及内容广泛，读起来感到散乱、抓不到重点。请你根据第72页上的读书方法指导，给他提些阅读建议。

三是小组讨论，梳理对《经典常谈》进行有选择性阅读的方法。

第一个子任务其实是引导学生了解《经典常谈》的整体情况。第二个子任务是为学生阅读《经典常谈》提供方法支撑，解决他们"难读"的问题。第三个子任务则是指向学生阅读此类书籍的阅读经验，指向学生未来可能的阅读经历。换言之，如果学生自己阅读此类书籍，可以运用这些方法。这三个子任务从初读的了解，到初读的方法，再到初读的价值，层层递进，具有较强的内在逻辑关系。

四、读书方法总结精当

《经典常谈》链接的是"选择性阅读"，那么孙老师的这节课就引导学生结合教材内容对"选择性阅读"的方法进行了比较充分的思考。除了书上提到的，孙老师结合已有的阅读经验也提炼出了其他几种方法。我认为这一总结是非常精当的，如下：

一是浏览"扫"读。

二是兴趣"引"读。

三是按需"点"读。

四是圈点"批"读。

五是思维"导"读。

六是表格"比"读。

七是同学"赛"读。

建 议

一、阅读阶段定位准确，但任务表述可以更准确

《义务教育语文课程标准(2022年版)》(下文简称"新课标")颁布后，我们在教研时也进行了如何设置任务的一些研讨。我们带着这些思考再来审视孙老师关于整本书任务的设定。

一是学习并运用选择性阅读方法进行阅读。

二是阅读全书，感知《经典常谈》的主要内容。

三是明确读经典的意义，养成读经典的习惯。

分析：这三个任务逻辑主语都是学生，我们可以理解为教师让学生去完成这些任务，特别是前两点，我们可以捕捉到教师具体要学生完成的学习行为，如第一个任务是选择性阅读方法的运用这一行为，第二个任务是阅读后概括书籍主要内容的学习行为，但是第三个任务是否指明了学生具体的学习行为呢？"明确读经典的意义，养成读经典的习惯"，这似乎更像是任务完成后达成的目标。例如，"明确读经典的意义"可以对应这样的学习行为"以《读经典的意义》为题写一篇短文，谈谈你的看法""养成读经典的习惯"可以转换为这样的学习行为"请你制订《经典常谈》的阅读计划，内容包括阅读时间、阅读方法……"这样更像任务的表述。

建议：其实，从"目标"的角度去判定，这三点的表述也是行得通的。因为这节课下面的环节中还设有三个任务，我们可不可以从素养型目标的角度去修改它，如下：

1. 学习并运用选择性阅读方法进行有兴趣、有目的、有方法、有专题的阅读。

2. 阅读全书，能概括《经典常谈》的主要内容。

3. 就自己感兴趣的熟悉的部分，能较为充分地表达其中的重要事实、主要观点和自己的心得。

4.培养自己读经典的兴趣和习惯,明确读经典的意义,能向他人推荐《经典常谈》。

二、情境创设体现真实,与学生联系更紧密

任务情境的创设的确可以从活动设计、职业体验等方向入手,但也绝不限于此。我们进行情境创设不一定非要给学生组织一个活动,搭建一个舞台,设计一个专栏或者专刊……其实学生的实际需要就是最真实的情境。就《经典常谈》而言,学生不喜欢读,不愿意读,认为读起来有难度,那么帮助学生改变这一想法,降低他们的畏难情绪,为他们提供阅读支撑,这就是学生的实际需要,也是整本书阅读时最好的情境。因此,我们也可以这样创设情境:

通过前期的调查,我们发现《经典常谈》不"好"读,一方面是因为不了解它,另一方面是因为不知道怎么"读"它,那么这节课,老师就和大家一起来解决这两个问题,好不好?

教师从了解它的角度布置任务,通过阅读教材上的导读内容,以及名家对它的评价,甚至是教师个人的读后感等方法来引导学生了解这本书,感受这本书的魅力,从而产生阅读这本书的兴趣。接着,大家一起来解决不知道怎样"读"它的问题,教师引导学生思考在阅读《经典常谈》时已经做了哪些工作,还需要哪些支持,然后进行作者介绍、写作背景交流等任务,再就教材中的导读部分总结选择性阅读的方法等。

三、任务设计蕴含逻辑,但任务价值应选最大化

阅读教材中《经典常谈》的导读部分,选择其中一些关键信息,结合你的初读感受,为《经典常谈》写一则推荐语。

这一建议主要是聚焦第一个子任务。一般情况下,我们为一本书写推荐语的目的是什么? 我认为普遍的共识是为了检验学生阅读后的自我思考

和感悟，训练学生语言的表达能力等。从这节课这一任务的完成情况来看，虽然学生的表述清晰而充分，但是达不到丰富，谈不上学生自我语言的运用，算不上"创意表达"的训练。学生只是完成了教材导读部分语句的提取、整合的任务，也没有充分体现他们自身对于《经典常谈》的认知和思考。因此，推荐语这一任务的设定，它的价值就被弱化。

2022年版课程标准颁布后，语文教学更强调语言实践活动，学生调动自己的认知经验，运用自己的语言体系，哪怕再拙劣，也是进行了更有价值的语言实践活动。

四、读书方法总结精当，但归纳维度可以更适切

第一点是浏览"扫"读。

第二点"引"读。

第三点"点"读。

第四点"批"读。

第五点"导"读。

第六点"比"读。

第七点"赛"读。

关于选择性阅读的方法，很多人都和孙老师一样给学生进行过精当的总结和归纳。那么我们的总结和归纳是为什么服务的呢？笔者认为主要是为了学生未来的阅读生活服务。学生未来能成为爱阅读的人，能拥有较强的阅读能力，能具备良好的阅读习惯，能自己自愿自主自行地去阅读。从这个角度去思考，第七点方法似乎与前六点不属于同一维度的了。第七点其实主要还是从激发学生阅读兴趣和动力的角度出发的，不属于从初读到细读再到研读的方法支撑。

第二节 观课品评尽是风景

第①篇 一心探春四月中

春风肆意,乱了花枝,飞了柳条,却阻挡不了笔者为"主动阅读"而奔波。诗中有云:"不缘衣食相驱遣,此身谁愿长奔波。"而笔者却是"只缘春意相驱遣,此身甘愿长奔波"。

一、听·收获

笔者走进一中听课,甚是欢喜,因为几位语文老师气质温婉,让人印象深刻,今天有幸再次一睹她们的风采。要想培养学生成为主动的阅读者,教师在教学时要对学生有"真情"和"实意"。

课堂交流有"真情"。几位老师笑容亲切,声音温柔,坐在她们的课堂中真是感到春风扑面而来般的温暖。宫老师与学生交流是那样自然,学生的回应即使是简单一字"嗯""啊""哦",都令人感觉那样舒服,足以见得师生日常互动的融洽。徐老师对学生回答的引导是那样耐心,一个会心的微笑,一句温柔的提醒,足以显示老师对学生日常训练的关注。年老师对学生的评价是那样美好,既有及时的纠正,又有恰当的引导,更不失对学生的宠溺和期待,足以见得学生时时刻刻都在年老师的心上。

课堂设计更有情。宫老师带着学生进行课内文言文阅读,并与课外文言文进行连通,采用了比较阅读的方式,既能提升阅读效率,又有助于培养学生文言文阅读的思维和能力。更让人惊喜的是，宫老师真的让学生出小卷，真是英雄所见略同！徐老师对于综合性学习的阅读贵在方法的总结和引导，而且准备了很多题目让学生进行操练，不求热热闹闹、轰轰烈烈，只求踏踏实实，稳稳当当，学生的训练挺有效果。年老师的"家国天下"活动课，小主持人认真串词，像模像样；展示者精心准备，好模好样；聆听者积极互动，有模有样。整堂课气氛活跃，学生个性充分得到彰显。

教学构思有"实意"。无论是九年级，还是七年级，三位教师的教学都与中考紧密相连。宫老师课上为学生分析中考课外文言文考点，并进行了课外文言文翻译要点的提炼。徐老师带着九年级的学生进行综合性学习的阅读，条理清晰的答题方法，层次分明的答题思路，都是学生中考通关时的必备法宝。年老师在学生活动中也不忘围绕综合性学习相关题型对学生进行点评和引导，可见三位老师希望学生学业有成的实意。

二、闻·思考

中考对于培养学生成为主动的阅读者有哪些"关照"呢？笔者认为主要有以下几点：

一是中考"关照"了主动阅读所需的思维发展。中考只是学生语文学习中的一站，是对一个阶段学习的总结和检测。中考体现的不只是知识的积累，更是语文思维的发展。我们细思之，无论是哪些知识，或者是哪些技巧、方法，都是建立在识记、理解、分析、评价等思维活动的基础上。我们有时在教学时感慨教了多少遍方法，学生还是得不了分。究其根源，这些方法没有足够的语文思维作支撑，例如，学生做综合性学习，如果没有基本的理解、分析等思维，不具备一定的探究能力，即使学习了方法，也难以答到点上。又如学生写作文，如果没有由点到面、由此及彼、由小到大、由正到反等的思维拓展训练，学生也很难写出思辨性的结尾。

二是中考"关照"了主动阅读所需的语文规律。中考考查的是学生的语文能力，而语文能力在一定程度上取决于学生对语文规律的掌握程度。

课外文言文阅读是中考中的一个难点,很多学生课下注释背得不错,但一旦换一篇语料,相同的字换一个语言环境,学生就不会了。这是为什么?学生为什么不会从课内迁移到课外呢?实际上是因为他们没有掌握这些字法、词法、句法的规律。"之"字为什么在这个位置是"取独",这个句子为什么是判断句,一个字为什么在不同文章中可以有不同的意思,等等,都有着自身关联语境、语用的规律。学生学习并掌握这些规律,才能以不变应万变。

三是中考观照的还有主动阅读指向的成长的远方。语文教师的目光该聚焦中考,但不止中考,我们更应看向学生成长的远方。如果语文教学过早与中考挂钩,学生们学习语文的眼界就会变得狭窄,这样会不会影响他们主动阅读的兴趣和效果呢?拿概括而言,教师培养学生概括的能力,不仅是为了答对卷子上的第16题。实际上,概括是阅读能力的基础,有了它,学生才能主动地读懂很多不同文体的文章,可以从周围的杂志、报纸、网络等文字世界中更快地提取信息,可以与别人实现有效沟通,甚至可以更好地辨别他人思想语言的正误等。这样看来,概括对每个人是多么重要,不仅与分数相关,更与生活息息相关。

在中考的关照下,我们不应唯"方法和技巧"是从,而应从眼下开始谋划,如何让学生的思维动起来,如何让学习的规律显出来,如何让学生的能力养起来,如何让学习的魅力多起来……语文教学不只是为了中考,更为我们培养主动的阅读者指明了方向。

第②篇 方向与方法的故事

某次,笔者来到郭老师讲的《岳阳楼记》的阅读课。

师:我们来阅读一下本课的文学常识。(电子屏幕上出现了相关内容的填空题)

同学们很快完成了相关内容的填写。

师：谁再来说说文章中作者的旷达胸襟和政治抱负分别是什么？

生1：……

师：谁来帮帮他？

生2：帮不了！

我猛然一惊，这么直接地拒绝吗？这个男生一看就不是省油的灯！

师：那谁来帮帮他们？（老师点名叫起另一个同学）这个同学答了出来。

师面向生2：你刚刚说帮不了他，现在能帮了吗？

生2：可以了。旷达胸襟是"不以物喜，不以己悲"，政治抱负是"先天下之忧而忧，后天下之乐而乐"。

师又面向生1：已经有两个同学教你了，这次会了吗？请说一遍。

生2：……

师面向全体：没关系，谁再来教他一遍。

我在心里直呼："郭老师太有耐心了！"

大家几乎一起重复了范仲淹的旷达胸襟和政治抱负。看来，由刚刚没几个人说到现在异口同声，大家对这个内容的记忆也在不断强化。

师又叫生1起来回答，他没有答出来。

师：看来你这两句话是没有背过的。不过，阅读，阅读，就是再学一遍，把不会的弄会，特别是要抓住课上的时间，在课上由不会到会。

郭老师亲自教了那个男生一遍，男生终于重复了下来，郭老师表示下课还会再考他一遍。

能在课上学会的，教师要舍得时间；能在课上读懂的，教师也要舍得时间。能发挥学生力量解决的，教师要给予空间；能发挥学生力量弄懂的，教师也要给予空间。所谓培养学生成为主动的阅读者，教师需要给予学生从不懂到弄懂的时间和空间，不断引导他们发现问题、分析问题、解决问题，这是培养主动阅读的一个重要前提。

转眼到了第二节课，我来到了冯老师的课堂。上学期，我来听冯老师的课，曾被她与班上一个男生的互动所感动，这次我又会学到些什么呢？冯老师讲的是朱德的回忆性散文《回忆我的母亲》。

师:从题目上你能获取什么信息?

生1:回忆类的……

师:我们可以知道这篇文章的文体是回忆性散文。

生2:回忆的是我的母亲。

师:这是这篇文章的主要内容,回忆母亲的那些事! 我们写作中拟题也可以包含这些信息。

笔者认为冯老师教给大家一种读书的方法,那就是要学会审题目。不仅如此,这种方法还可以帮助我们写作时拟题呢。你看,冯老师在品析第一段时也用了这一方式提问。

师:从第一段中你能获取什么信息?

生3:我爱我的母亲。

师:这是作者表达的情感,可以说为全文奠定了……

生们:感情基调。

师:很好,还有什么?

生4:勤劳一生。

师:这是母亲的精神品质,后面的几件事都是围绕这个精神品质来写的,所以这叫做全文的……很多事情值得我永远回忆,这又是什么信息?

生5:文章的主要内容就是写一些事。

教师用一个开放而简单的问题"从第一段中你能获取什么信息"引导学生逐步了解了第一段在情感基调、文章线索、文章内容等方面的作用,这其实是教师在尝试通过学生的自主发现引导学生主动阅读第一段,进而潜移默化地将阅读文章首段的方法渗透给学生。

最让我觉得受用的还是冯老师带着大家体验理解词语的方法。

生:佃农是什么意思?

师:大家不要看注释。有没有什么其他的方法?

生5:结合上下文。

师:对了,也就是我们说的结合语境。下面请在文中找到"佃农"一词,结合语境，也就是你们说的上下文，看看自己能理解了吗？

生6：世代为地主耕种，家境是贫苦的。

师：用自己的话表达，是不是和书下注释差不多！

教师又带领学生用这样的方法理解了"为富不仁"的意思。冯老师忍不住夸赞："同学们真聪明！"这是冯老师引导学生充分运用这个方法来理解词语，为主动阅读打下良好的基础。

第03篇　三人中必有吾师

时光清浅，微风尤凉，春意还害羞地躲在树梢初吐的嫩绿中，藏在枝头可爱的花苞里，而我们又踏上了听课之旅。

一、听·收获

两位老师一位执教的是事理说明文《恐龙无处不有》，一位执教的是杨绛先生的散文《老王》，虽然体裁相距甚远，却都为学生"主动阅读"留下不可抹去的"点滴"。

一是以点评促阅读，点评要有语文味儿

还记得笔者教小学的时候，当时的教研员张老师就说我是个有语文意识的老师，主要体现在我对学生的点评也是围绕引导阅读进行的。今天李老师在教学中对学生的一些点评也让笔者看到了一位有语文意识的老师，例如，当学生用"简陋"形容老王时，她及时引导学生发现用词的不恰当，当学生分别用一个字概括老王时，她能帮助学生提炼角度，当学生表达不适宜时，她能引导学生变换用语。王老师在学生找不准文章结论时也用问题式点评引导学生先关注结论可能出现的位置，进而找到文章的结论。是的，语文老师的点评也是对学生阅读进而成为主动阅读者的有效引导。

二是以方法促阅读,方法要有学科味儿

王老师在执教《恐龙无处不有》时,开头先用一道数学题导入,一下子吸引了学生们的注意,她这样设计的目的是用一道数学题让学生了解从已知到求证,再到结论的过程,数学如是,语文亦如是,从而导入课文的学习,这不得不说是一次学科融合的有意义的尝试。这次听课的一大遗憾,就是对于朗读的冷落,更不要说教师的范读了。笔者在对朗读抱着近乎寻觅的心情下,听到了李艳华老师为学生播放《老王》的朗读音频,心中漾起的欣喜不言而喻。学生很快被带入到了课文的情景中去,产生自主阅读的兴趣和期待。

三是以课程促阅读,日常教学也有"特色"。在听李老师的课时,笔者看到学生桌上放着的厚厚的本子。课下交谈中得知,那是李老师带着学生进行日常摘抄,以及综合性学习、名著阅读等课的学案积累。李老师针对本班学生特点,课上为学生留出读杂志的时间,让他们从杂志上摘抄相关主题的句子,以备写作之需,再与日常写作相配合,这可以算是构建读写结合课程的一种初步尝试。王老师日常引导学生关注时政,课前和学生交流看法,从纪念中印边境冲突中牺牲的战士,到支持新疆棉花,王老师在引导学生阅读文字的同时不忘引导他们阅读生活,更不忘对他们爱国情怀的培养,形成自己语文教学的"特色"。

二、闻·思考

(一)学生思维发展靠教师主导,更靠学生主体

自从我拿着课堂观察量表走进课堂,直观的数据让教学中的一些问题变得更加清晰,例如刚刚所说的朗读问题、学生课上的思维发展问题等。且不说在一些课上学生思维发展的层次十分有限,即使有的老师意识到要设计指向学生不同层次思维发展的问题链,但实际操作起来的效果也不尽如人意,究其原因,教师们还是无法摆脱老师为主的光环,牵扯着学生一步步向着心中的答案靠近。培养主动的阅读者,教师需要发挥好主导作用,如果

主体作用过强,就会忽视学生思维的互动甚至碰撞,削弱了他们思维的解构、重构、收获等过程。总而言之,学生的思维发展必须践行于"以学生为主体"的理念下,自觉自主地去实现。

(二)语言、思维、情感应"共色齐飞"

阅读可以将语言、思维、情感割裂吗? 是不是第一课时就只需识记、提取、概括,不会涉及分析、批判、创造等思维呢? 笔者认为肯定不是的,即使是第一课时,学生也可以通过语文实践活动获得不同层次思维的发展。朗读就是一个很好的活动,我们之所以反复强调要重视朗读,就是因为通过一个"它",学生所获得的思维发展是多层次的。例如《老王》第一课时,教师们都会让学生从文中找出"老王的'不幸'体现在哪里",除了学生从文中提取相关内容,教师概括出几个方面外,我们是否可以让学生朗读相应的语句,并思考如何读好相应的语句,例如"他有个哥哥,死了,有两个侄儿,'没出息'",单看这一句话就很不简单,为什么不直接写"他有个哥哥死了,有两个侄儿没出息"? 中间为什么用逗号隔开呢? 学生们认真分析这句话后,就会发现这句话蕴含着情感的跌宕起伏,而这也正是杨绛先生的语言特点,看似平平淡淡,无阴无晴,但实际上阴晴全在这平淡中。在这个过程中,学生不仅分析了相关语句背后的意思,而且还进一步走入了文本,与作者共情。情感体悟是语文阅读不应被抹掉的色彩,特别是《老王》这篇散文的教学中,"情"之一字最为动人,情动而生发,声发而思华。

朗读着实是让文字走入学生灵魂的法宝,亦是锻炼学生思维的法宝,我们千万别冷落它!

第04篇 柳絮纷飞四月中,风光不与旧时同

春光染绿了柳枝,点红了海棠,但却迟迟没有送来我们渴盼的暖意。但我们却依然可以在不经意间觅得温暖,在学校不远处的姹紫嫣红里,在校门

口的井然有序里,在教学楼的声声问候里,在教室中的不懈思索里……是的,来到四中听课,让笔者印象最深刻就是"思考"二字。

一、听·收获

不懈思考之,乃用心对待之。用心对待之,遂精心安排之。拿到四中的课表,心中涌起一丝感动。如此精心的安排,可见教师们重之慎之,体现了教师们对待教学的热诚之心。

一是思层次,条理清晰。一节条理清晰的课本身就是对学生思维发展有益的示范。这三节课都做到了。赵老师按照课文结构逐层为学生讲解"格物致知",李老师则由扶到放逐层带着学生进行课外文言文阅读练习,王老师的作文课从"什么是细节"到"怎样写好细节"逐层推进,看得出老师们对自己所教的内容是用心思考并设计了的。

二是思迁移,脉脉相通。语文课绝不仅是一篇文章的长短或是一个课堂的空间而已。赵老师为了帮助学生理解格物致知,从学生最熟悉也最有感触的写作问题入手,把学生的实际经验引入教学,帮助学生搭建从已知到未知的思维桥梁。李老师引导学生比较近五年的课外文言文,从相同点入手,提炼考点内容及角度,潜移默化中引导学生关注修身的内容。王老师则充分用好教材,尝试阅读与写作的有效结合,用阅读所得支撑写作实践,更重要的是王老师的写作课引导学生关注生活细节,把语文的触角有意识地引向更广阔的空间。

三是思方向,术业专攻。在区域初中语文特色课程建设中,该校也是走在前列的。从校领导的亲自参与,不断督促,到一线教师的团结一心,方向明确,努力探索,四中语文特色课程紧紧围绕写作特色在稳步推进。赵老师的课为写作课程做着些许提示,王老师的课更直观地让我们看到了他们在写作课上的努力,除此之外还有主动请缨的三位教师想进一步通过教研组的课例研究找准写作教学的方向。这些怎能不让人感到温暖?

二、闻·思考

笔者认为用王国维先生所说的人生的三种境界来形容我们的语文教学也是合适的。

境界一：独上西楼，望尽天涯路。

教师语文知识丰富，抛出各种语文知识、专业术语，认为学生知道了这些，就掌握了语文能力。这些语文知识令学生啧啧称赞，然而文本本身却被冷落至此，学生的学习飘浮在课堂上，仰望老师。殊不知，只有教师在"望尽天涯路"，独自欣赏着语文的美景。

境界二：衣带渐宽终不悔，为伊消得人憔悴。

教师精心为学生设计着各种练习，学生们也努力跟着教师的思路，觉得老师的解读甚有道理。学生始终以教师为中心，寻找答案。答对了，学生舒一口气；答不对，学生不知所措。一节课为了教师的思路，学生终不悔，毕竟努力过，还是有所收获。

境界三：众里寻他千百度，蓦然回首，那人却在灯火阑珊处。

学生在教师的鼓励和引导下试着自己去探寻并欣赏语文的美景，当收获感动蓦然回首时看到的是他注视的目光。举重若轻，深入浅出，看似简单的教学方式，却是教师授予与学生主动的天壤之别。学生自己品，自己悟，逐步走向情思的"藕花深处"，最终品得语文的"馨香"。学生是学习的主人，还需要我们学会放手。

叶圣陶先生说："活读运心智，不做书奴仆。"但学生弄不好不为"书奴仆"，还为"师奴仆"。让我们一起朝着第三种境界努力吧，我愿意和大家一起在通往的路径上不断思考、不断努力、不惜心力！

第⑤篇　柳条绿,海棠红,海滨不负春意浓

"金风玉露一相逢,更胜却人间无数",这是最动人的相遇;"莫愁前路无知己,天下谁人不识君",这是最幸福的相遇;"相逢意气为君饮,系马高楼垂柳边",这是最畅快的相遇,而笔者来到海滨学校听课,则是与师生们来了一场最可爱的相遇。

一、听·收获

走到教室门口,就听到郭老师的声音,她说:"我们要做可爱的人……"自此,捕捉"可爱"的态度便在我心中抱定,嘴角不自觉上扬。"桃花一簇开无主,可爱深红爱浅红",培养学生成为主动的阅读者,我们又"可爱"些什么呢?

一是可爱"心有灵犀"的滋味。伙伴同行,她所做的正是你所想的,真是一大乐事。郭老师上课前请学生分享了自己的练笔片段,并进行了点评,然后自己与学生分了她读书过程中发现的一段话,正好延伸了学生练笔中的感受,印证了老师对学生的引导:"在疲惫和困倦中不要迷失自我,要坚持向阳而生……"刘老师执教的是九年级作文指导——语言篇,在引导学生掌握相应的写作方法时,刘老师并没有在 PPT 上一个个出示语段,再以问答式教给学生方法,而是把所有的语段印在片子上,发给学生,以小组合作的方式让学生自主进行分析、总结,再让学生交流,这不正是用最常规的方法推动课堂从师主到生主的转变吗?

二是可爱"不断追问"的意识。两位老师在课上都不断运用"追问"。郭老师执教的是说明文,让学生分析说明方法,在学生分享完一个语句后,她及时追问作用和效果,并注重与学过的课文相联系,进一步追问所体现的

说明文语言的特点。郭老师尝试用追问的方式激起学生的深入思考，甚至是批判性思考，进而进一步主动阅读课文。刘老师的写作课也是如此，她在引导学生回答出写作中的语言应生动形象后，进一步追问怎样理解"生""动""形""象"这四个字，再合起来怎样理解，让学生对生动形象有了进一步确切的认知。这正是教师备课时的深入思考带动了学生课上的有效思考。

三是可爱"学生发言"的自信。两节课上学生的发言给笔者留下了深刻的印象，他们的声音洪亮、有力，让你从中能感受到学生的自信。更可贵的是，课堂上有一部分敢想敢说的学生，这正是教师平时教学风格及智慧的体现，教师重视学生在课上的发言和发现，想方设法让学生主动表达，引导着课堂主动阅读的节奏，为大家做着主动阅读的示范。

二、闻·思考

培养学生成为主动的阅读者，教师首先必须对所读文本进行深入细致的解读，再结合学情选取合适的能激发学生主动阅读的教学内容。在学习了葛小霞老师《说明文教学内容确定的几个维度以〈时间的脚印〉三次教学设计为例》后，结合自己的思考，解读一篇的内容、语言、情感等特色之前，还需具备几种意识，以《时间的脚印》为例。

一是单元意识。看这一篇在单元中所处的位置，甚至看这一单元在整个教材中所处的地位和作用。以八下第二单元说明文为例，整个初中阶段就两个说明文单元，一个单元是事物说明文，另一个单元是事理说明文，而八下第二单元正是事理说明文。为什么安排两个单元的说明文？首先让学生认识说明文的主要类型，接着通过不同类型说明文的特点教给学生阅读说明文的方法。事物说明文重在说明事物的特点、作用等，因此说明方法、说明语言就成为学生初步接触说明文应掌握的内容。而事理说明文简言之是在说明白一个道理，那么"说明白"依靠的是思路和顺序，以及分析推理的方法，"明白道理"依靠对知识信息的排列组合，因此八下第二单元导语中提出了这个单元说明文学习应是"注意理清文章的说明顺序,筛选主要信息,读懂文章阐述的事理;还要学习分析推理的基本方法,善于发现问题、思考问题、质疑问题,激发科学探究的兴趣"。所有的说明文不必教成一个样,更为重要的是引导学生掌握说明文阅读的方法,自己能读懂说明文,学习一种科学的思维方式,将来能解决面临的问题。

二是课型意识。语文教材一个单元中有教读课文和自读课文,两个课型相互配合才有利于学生阅读能力的发展,因此,教读课文和自读课文,我们也要避免上成一个样子。自读课如何来上,一个明确的区分就是学生自主。当学生在教读课文中习得阅读方法后,自读课便可以拿来实践一下。例如说明文梳理结构,我们可以有以下方法:抓中心句、抓过渡句、抓设问句、抓独立成段句等,那么用在《时间的脚印》里,学生可以自己尝试抓独立成段句来梳理文章结构。又如,事理说明文主要是逻辑顺序,那么在教读课文中学生学习如何分析并判定逻辑顺序,在《时间的脚印》一课时,学生就可以自己来具体分析文章的顺序,乃至可以聚焦段落间的逻辑顺序。我们还可以更大胆些,自读课的教学重点让学生根据教读课的学习经验来确定,然后再自主去解决,教师只是适当地引导、点拨、鼓励、激发。

三是思政意识。学科思政越来越重要,这就要求我们必须具备思政意识和思政视野。以《时间的脚印》为例,我们可以开发出哪些思政教育的内容呢?第一,珍惜时间,希望时间在我们身上留下的印记,不仅是身体上的变化,而应像岩石刻录时间那样,留下生命的意义。第二,学习分析、推理、激发科学探索的兴趣。第三,正如徐晶老师解读的那样,我们要从宏观的角度理解人生,以科学理性的态度看待自我,这样才能有豁达忘我的态度,进而从容面对生命的历程。挖掘思政教育内容,大则以政治方向为导,小则以文章内容为准,还要以学情为基,必须做到正确、准确、精确,我们须谨慎思之。

第16篇　暖风熏得二人醉,海滨听课不虚行

　　一片片金黄色的芦苇在磕头机的护卫下浸润在初春的新绿里,此番此景竟没了往日的萧瑟,反而牵扯出心中一种叫"留恋"的滋味。正如第一次走进海滨二校,依依杨柳,点点红果,藏匿的红瓦尖顶,竟勾起内心深处对学校的回忆和怀念。

　　我们刚一进校门,小吕老师就热情地迎了过来,飘飘长发,炯炯眼神,虽然戴着口罩也挡不住她的神采飞扬。第二节课,来到教室,我们见到了任老师,一袭黑色印花的旗袍穿在身上,搭配得体的妆容,看上去端庄美丽。张老师站在讲台已近40年,他依然精神奕奕。三位老师让人印象最深的就是他们的"面貌"。

一、听·收获

　　三位老师的课概括为三句话:"评价学生重引导。引导学生重训练。训练学生重章法。"

　　一是评价学生重引导。教师课堂上不应有一句废话,即使是评价语,也应对学生的主动阅读有所引导。小吕老师就有这方面的意识,在学生交流初读感受"老王是一个怎样的人",她知道从语文专业的角度去点评学生。任老师在进行文言文阅读时经常叮嘱学生不动笔墨不做题,要在做题过程中留下痕迹。而张老师在学生回答问题不够清晰不够完整时及时引导学生联系上下文补全自己的理解。

　　二是引导学生重训练。在小吕老师的课上,笔者查看了两组同学的预习情况,那满满的笔记爬满了不少学生的书页,这便是学生主动阅读的成果。任老师的文言文阅读始终遵循着讲练结合的思路,学生最后练习的速

度和效果,让我们收获了欣喜。张老师在上课伊始便出示了《大自然的语言》这篇说明文的学习目标,清晰准确,这在某种程度上是有意识地训练学生要关注当堂学习。

三是训练学生重章法。小吕老师引导学生在表达自己的感受时要从原文中寻得依据,特别是对关键词的把握,这就是一种阅读方法。任老师利用口诀的方法记住唐宋八大家。张老师在带领学生梳理《大自然的语言》这篇说明文的说明顺序时,告诉学生或是提炼段首语,或是抓住标志性的词语,学生很快理出了顺序,这也为他们日后自己阅读说明文并梳理说明顺序提供了方法。

二、闻·思考

每一次听课都是一次美丽的相遇,每一次美丽的相遇都会激发思考的火花。这次听课,我们又碰撞出怎样的火花呢?

(一)我们是否要思考一下当前预习所面临的新形势?

曾几何时,笔者也十分用心地培养学生的预习习惯,因为本人坚信预习对学生提高语文能力大有裨益。几番流转,却发现预习已经失掉了原来的味道。在被资源充斥的时代,学生轻易地就可以找到一篇课文相关所有资料,不用几阅字典,不用费心思考,什么主要内容,什么思想感情,什么文章结构,什么修辞赏析,都可以照搬到语文书上。这既是学生预习所面临的新形势,更是新挑战,我们必须认真思考应对之策,不让学生做资料的搬运工。

(二)我们是否思考一下不同层次学生的发展需求?

一个班级有不同层次的学生,定然有不同层次的学习需求,有的这节课只要完成最基本的识记就有收获,有的要需要进行理解的训练,有的则需要走向更高层次的思维水平。虽然一节课的教学是面向全体的一个行为,但是我们可以精心设计不同的问题、不同的活动,满足不同层次学生的学习需求。

笔者认为让学生担任小老师是个不错的方法，既可以减轻老师本身的负担，又可为更多的学生带来深入理解学科知识的机会，这样更有效地帮助那些需要帮助的学生。教师要我们大胆一点，对学生多放手一点，给学生更多的自主权。

（三）我们是否思考一下学生思维如何向高阶发展？

基于学生立场的课堂观察工具已经被使用了几次，但是从观察数据来看，学生在课上的思维发展不容乐观，特别是缺乏高阶思维的训练。我们可以巧用"比较"，例如《老王》一文比较老王的"善"与杨绛先生的"善"的异同，又如文言文阅读同一主题、同一内容的文章可以放在一起进行比较式阅读，再如《大自然的语言》一课，可以把分析说明方法和效果放在第二课时好好训练，第一课时主要解决事理和说明顺序，只是在具体分析1至3段的顺序时追问一下"三段是否可以调整顺序"，进而引导学生比较三段的内容，分析出这部分是层层推理，再与6至9自然段进行比较，发现6至9自然段不是推理而是分析等。这样，学生的思维是不是能前进一步。

第07篇　海滨春风暖，能开三月花

还记得去年那火红的灯笼般的石榴装饰着海滨三校，而今只有绿枝袅娜迎接着含羞的春风。虽已是烟花三月，但春风仍有凉意。不过每次来到这里，笔者都会被三位老师脸上的笑容所温暖。师老师温柔浅笑，总是那么亲切；王老师热情含笑，总是那么和善；小孙老师活泼爱笑，总是那么可爱……走进她们的课堂，原来学生也爱她们的笑。

一、听·收获

两位老师在引导学生主动阅读时都体现了"教"的用心：

一是教学重点把握准确。无论是师老师，还是王老师，都准确地把握到教学的重点，这源于老师备课的细致。师老师执教的是《社戏》第二课时，根据学生的实际学情，师老师带着学生概括了文中的几件事，从这几件事入手思考作者回忆的"好戏"，进而体会文章最后一段表达的情感。王老师的《老山界》是第一课时，因此解决字词的环节必不可少，在快下课的时候王老师还进行了简单的检测，最主要的还是王老师带着学生们梳理了本文的线索，重点品味了"翻越老山界遇到的困难"。脑中研读教材，心中装着学生，老师才能教得准确。

二是教学思路清晰。师老师从品"情"切入，研读文本，结束时再回到悟"情"，而王老师从字词入手，到整体梳理，再到突破重点"难"，清晰而有层次的教学思路，有助于学生形成清晰的阅读思路，长此以往，更有利于学生自主阅读能力的形成。

三是密切关注学生。师老师在学生讨论时，总是轻声提醒学生要动起来，鼓励他们赶紧加入小组的交流中。王老师则在学生阅读时经常提醒他们读书的习惯，从读书姿势到读书方法，为七年级学生进行着耐心的引导。

两位老师也各有亮点。师老师的"概括有法"让人印象深刻。这节课重点训练了学生的概括与提取信息的能力，在学生概括遇到困难时，师老师及时为学生提供扶手，例如，"如果用词语还不能概括出来，请你先用句子概括""可以试着用'谁干什么'的句式概括"，在学生概括不到位时，师老师也能及时抓住缺失的信息，引导学生一步步概括全面。王老师精心设计的板书形象地展示了《老山界》时间的变化和地点的转换，一目了然。对于教材中助读系统的资料，王老师有意识地进行合理运用，借以引导学生学习阅读方法。

二、闻·思考

"学而不思则罔，思而不学则殆"，对于听课，我们也不能停止思考，这样才对得起每位老师每节课的付出。

我们需要重视学生阅读中感受力的培养,这可以说是主动阅读者应具备的核心能力之一,除了引导学生在生活中训练感受力外,我们的语文课堂是更好的训练"场"。

(一)以"读"为径

以"读"为径,激发学生对语言文字的感受力。特别是朗读对培养语感、体会文本的思想情感尤为重要。朗读是学生对文本独特的感受,通过口语表达出来,其他同学则要运用耳和眼聆听和甄别朗读者表达的语言文字背后的情感和思想,学生口、眼、耳、心、脑等各种感官都被调动起来,这有利于培养学生的感受力。与此同时,叶圣陶先生认为,教师范读,尤非讲究不可。教师读得好,学生听着,就能增进理解或感受,比之繁复的讲解效果更好。

(二)以"语言文字"为径

语文的学习离不开语言文字。科学艺术地咬文嚼字,有利于学生感受力的培养。学生在教师问题的引导下提炼信息,进而品味语言文字,抓住或是词语、或是修辞、或是句式,思考作者这样写的原因,以及这样写的好处,思索与我们自己的异同,这是深入理解文章的过程,也是学生思维不断深入的过程。这样的过程也就是我们所说的"分析"。当然,我们要警惕细碎地讲解。这就需要老师对于一篇文章应品读的内容事先进行解读、筛选、设计。不管我们面对怎样的学生,总要想办法让学生的能力得到发展,我们可以先为学生提供分析的模板,或是提供咬文嚼字的方向,甚至是例子,亦或是带着学生一点一点地打通阅读的路径等,总之,学生的阅读能力的发展离不开感受力的培养,感受力的培养需要扎根语言文字。

学习的渴望是学生心中珍贵的种子,教师们用温暖而精心的教学呵护着这颗种子,浇灌着这颗种子,相信将来定能开出美丽的花朵。

第❽篇　海滨天地阔,四月春更浓

"身无彩凤双飞翼,心有灵犀一点通",这是恋人间相思相知的快乐;"桃花潭水深千尺,不及汪伦送我情",这是朋友间相伴的快乐,"爷娘闻女来,出郭相扶将",这是父母子女间相依相念的快乐……而今最让笔者难忘的是走进课堂,与同仁互学互促的快乐。

又来到海滨四校,这里看上去还是那么开阔,让人心旷神怡。要说海四初中部的三位语文老师,让人印象最深刻的就是她们的声音,张老师的声音灵动清脆,高老师的声音低沉爽利,李老师的声音高亢洪亮,在她们各具特色的声音带动下,她们的教学让人充满活力。

一、听·收获

三位语文老师的课主要体现在四个"有"上。

一是三位语文老师心中有"思"。她们平时一定在不断思考怎样激发学生的阅读兴趣,于是才有了她们对于白板软件的运用,李老师和张老师都在教学中利用这一软件设置语文游戏,及时抓住了学生的注意力。李老师和高老师还为学生准备了精彩的视频,无论是董卿的诗词大会主持集锦,还是韩善续《变色龙》的表演朗读视频,既有效地支撑了课内教学,又丰富了学生的认知,开拓了学生的视野,更让学生接受了美的熏陶。

二是三位语文老师心中有"料"。李老师给大家带来了一节综合性学习课《漫步古诗苑》。从教学中看,她对古诗词颇有研究,特别是她当堂为学生背诵李白《将进酒》,让笔者深受触动。张老师《阿长与〈山海经〉》的导入,新旧知识间的巧妙衔接,让人欢喜。张老师更是在学生梳理文章结构时及时提供思路,对学生当堂阅读乃至今后阅读都有裨益。而高老师课上注重调动学生积极参与课堂,也有自己的方法和特色。

三是三位语文老师心中有"情"。李老师的综合性学习让学生再次见识了古诗词的魅力,接受了一次中国传统文化的熏陶。高老师让学生认识到沙皇俄国的黑暗,以及奥楚蔑洛夫的可怜、可恶、可悲,这也是对学生进行了一次"以史为镜""以人物为镜"的教育。张老师课前的引入从大人物自然过渡到小人物,让学生初步意识到小人物也值得我们去尊重,这对学生的情感态度价值观同样是一次有意义的引导。

二、闻・思考

三位教师的课都体现真诚,我们有必要深思以下几个问题。

一是想方设法鼓励学生个人发言。笔者曾有过这样的想法,如果一个老师学识渊博又极会讲课,能把课讲得精彩,学生爱听,那么不失为一节好课。但现在完全否定了这一想法,特别是当面对心智尚不成熟的初中生时,也许老师精彩的讲授的确可以让学生收获知识,但却让学生收获不了学习的主动性,进而也发展不了自信心。课堂上鼓励学生个人发言,就是让学生体验、摸索、提升自己对学习的主动性,让学生逐渐清楚自己会干什么,能干什么,进而树立自信。因此,我们需要想方设法让他单独面对问题,这可能更有利于他们的成长。

二是深思熟虑发挥朗读功用。语文课必有朗读声,但我们也需避免无效的朗读。简言之,朗读不外乎两种用途,一是理解、体悟的手段,二是展示的方式。朗读是学生走进文本,理解、体悟文本的手段,换言之,当我们要把学生对文本的认知引向深处时,我们可以设计形式多样的朗读来帮助学生达到理解、体悟的彼岸。而不只是解决阅读中的一个问题,我们就把相应的内容齐读一下,或者师生配合读一下。当朗读能在学生阅读的突破点上发挥作用时,朗读的美才能被学生真切地体会,被学生喜爱。

三是冥思苦索落实思维训练。语文老师都非常重视"落实"二字,但是往往落实的只是应知应会的知识,却忽略了学生的思维。其实,在一节课上需要落实的还有学生的思维训练。我们可以通过与课文内容相关的或与学生习惯相关的各种实践活动把学生的思维训练落到实处。这就需要我们研究活动的形式和活动的内容等,不落俗套、不同寻常,方能激发学生思维的兴趣和动力。

第⑨篇　同心育人,盛德实学

天空怎么这么蓝! 草木怎么这样绿! 阳光怎么这么暖! 而我的心情怎么这样好! 原来是我又回到了这里,我曾经战斗过的地方。是的,今天我又回到了同盛学校,我追梦的起点、成长的舞台、付出与收获的见证。明媚的阳光轻抚了我的脸颊,注满了我的心田。老师们的嘘寒问暖,学生们的环绕畅谈,熟悉的环境,难忘的笑颜,都让我心中的阳光更加灿烂。

一、听·收获

昨天就开始兴奋地琢磨听课的事,听哪个年级的课,听谁的课,要与谁交谈……今天这种兴奋更加明显,走进校园,来到教室,笔者用心记录着每一个值得兴奋的亮点。

一是教师有“范儿”,学生有“样儿”。语文课要有语文独特的味道,语文老师也要有语文特有的“范儿”。七年级王老师一段课堂导语精准而深沉,“用善良体察善良”,一下子把学生引入阅读《老王》应有的情景中;八年级刘老师开头的“阳光正好,春风不燥,正好适合出去走走”,一下子唤醒学生心中的春意萌动,攒着劲儿要在作文中带着大家四处去看看,结尾再以小诗作结,深情而凝练;九年级王老师语言温柔亲切,开头一句朴实的问话引出学生对文言文学习内心最痛的告白。教师有“范儿”,学生才能有“样儿”。学生回答问题语言流畅,不乏亮点,足见日常教师对学生口语表达的训练。

二是教师有"启"，学生有"疑"。七年级的王老师是一位值得我们尊敬的老教师，在课上十分注重学生个人发言。学生发言遇到困难了，不依托于集体理答；学生发言有误了，不急于纠正，而是一句"谁还有疑问"或是"谁还有其他想法"，继续引导学生发挥主观能动性去思考、去解答。王老师还会关注没发过言的学生，提点他们站起来回答问题。一节课，一个班，44个人，40次发言，学生几乎每个人都动起来了。问题还是我们熟悉的那些问题，环节还是我们常用的那些环节，但这节课听起来是那么生动。就像王老师评价学生所说的："你们的发现远比我的总结还要细致，还要丰富。"八年级的刘老师和九年级的王老师在课上也注重对学生的启发，特别是引导学生进行质疑，这一在课堂中被冷落的"思维训练"，在这两位教师的课上有了短暂的亮相。

三是教师有"法"，学生有"得"。七年级的王老师在课上注重对学生概括能力的训练，这正符合七年级语文学习的需要，升格概括、合并概括、全面概括，原来教师对学生发言的引导也可以遵循概括训练的层次。八年级的刘老师引导学生分析游记要素，总结游记中抒发情感的方法，学生在点评自己习作时可以根据这些方法说得头头是道。九年级的王老师真是为学生费了一番心思，从文言文解词的方法，到译句的方法，再到读懂文章主旨的方法，总结得细致而全面。学生总能从中选择一方来弥补自己文言文学习的缺漏。

二、闻·思考

连日听课一直有感，然则今日思考更为强烈。

一是莫要轻言"方法"的威力。无论阅读课，还是写作课；无论是新授课，还是阅读课，我们都喜欢给予学生一些方法，觉得有了方法，学生的学习就有了抓手，学习效果就有了保障。然则笔者还是有这样的疑问：有了方法，学生就能读懂课文吗？有了方法，学生就会写出好文章了吗？例如，我们教给学生写作文时可以巧用修辞、发挥想象、变换句式等,学生就能写出一篇生动的文章吗?我们教给学生抒情可以直接抒情、间接抒情、感情升华等,学生就能在文章中恰当抒发情感了吗?又如,我们教给学生分析文章结尾作用的方法,学生就真的会分析了吗?当然,我们会说语文学习需要长期的积累和积淀,但是"不讲方法"的方法,长此以往也只是方法名词的叠加而已,运用却是另一回事。

那么教师在给予学生方法时应注意什么呢?第一,方法得有个性,体现不同学生的学习需要,不能一竿子都打。第二,方法得有针对性,解决学生最想解决的问题,不能一箩筐都给。第三,方法得易操作,符合相应年级学生的理解水平,不能一抹黑都讲。第四,方法得有思维支撑,不能一闭眼就用。例如我们教给学生情感升华的方法实际上先是引导学生进行思维拓展,由点到面,由小到大,由物及人等。

最后一点,也是最重要的,方法不在"讲"而在"用",不能全凭一张嘴。实践是掌握方法最有效的手段。不必多说方法概念的讲解,也不必追求方法列举的全面,单是学生课上完成哪怕对一种方法的探寻和操练就是可贵的实效了。

二是莫要陷入"概念"的漩涡。语文教学已然不易,老师何苦为难自己,为自己的教学再添加那么多牵绊。何为牵绊,这里主要指的是语文概念。语文教学本就提倡淡化知识和概念。不是说语文概念出示了,语文教师的教学内容解读就到位了。且不说语文概念不能随意解读,就像刘老师说的,课上只要出概念,老师就得给讲到位、讲透彻,否则就成为未完成的内容,那么课上的概念越多,可能未完成的、有纰漏的就越多,这对学生的学习是没有好处的。掌握一些语文概念是教师自身专业素养的需要,但对于学生而言,这些概念需要教师转化到学生的语文实践中去,进而潜移默化地成为学生的语文能力和素养。

总而言之,语文教师由备课到上课还是要追求"深入浅出""举重若轻"的境界。

第⑩篇　港南有沃土,师情深且长

　　一片片斑驳的绿色,一串串高矮的树木,一批批缓急的车流,近了,更近了……梧影斑斑,映入眼帘,点点红花在向我们召唤,驶进幽静的小路,几经转换,我们终于到达了此次听课的目的地——天津市滨海新区大港港狮学校。整洁的小区,安静的校园,亲切的问候,可爱的容颜,总能帮我们洗去一路的疲惫。

　　此次听课,笔者有幸聆听了迟老师、孙老师、解老师的三节课。港狮学校对学生思维品质的关注,在笔者看来是培养主动阅读者的灵魂所在。

一、听 · 收获

一节值得"细思"的名著阅读课

　　迟老师上的是一节名著阅读课《朝花夕拾》,主要的环节包括:一是根据提示猜作品,从一本书到一句评价;从一句话到一个具体情节,引导学生关注每一章节中的细节。二是根据特点猜人物,从每个人物的人物关系到情感变化,从人物的性格特点到特殊经历,换个角度引导学生再次关注书中的细节。三是根据主题选文章,无论是温馨的回忆,还是理性的批判,抑或是鲁迅先生的成长,都从局部的情节、具体的细节跳了出来,引导学生从前后文关注这部作品的主题思想。仔细思考这样的设计,我们不难发现这正好是对学生阅读时纵向聚焦和横向联系两种思维的训练。这样一节名著阅读课为我们打开了一种思路。

一节值得"静思"的游记阅读课

　　孙老师执教的是八年级下册第五单元《壶口瀑布》一课。听孙老师的课,笔者犹如站在不断涌现的思维瀑布面前,为了不丢掉任何一处美丽的水花,我忙得不亦乐乎。几首古诗的导入,让学生理解镜头角度的变化,为后面的学习进行铺垫;"所至所见所感"表格的梳理,让学生初步理解文章的内容,对学过的游记特点进行回顾;重点段落的赏析,让学生聚焦文中优美的语句,对赏析的角度进行实践和巩固;教师根据《壶口瀑布记》改编的诗歌,让学生根据第六段的内容补充词语,巧妙地渗透了本课的思政教育……当然,孙老师的课还有很多思维的亮点,例如,对本课选材的质疑;对照画作划分段落层次;对赏析角度的补充等,即使是孙老师的追问也是在努力引导学生进行着不同方向的思考。看得出,孙老师本身就是一个爱思考的教师,因为她思维的节奏正在悄无声息地影响着她的学生们。

一节值得"深思"的综合性学习课

解老师上了一节综合性学习课《孝亲敬亲——读思说写综合性学习》。解老师由"孝"字的金文篆体导入,让学生猜字,然后填写父亲或母亲的小档案,调查学生对父母的了解程度,接着回顾跟孝亲有关的名人名言,最后学生围绕"孝亲"主题结合这节课的感受进行简短的演讲。从整体的教学环节上看,并未看出特别之处,但深入解老师的课堂,我们发现其引导语中渗透了启发学生思维的智慧。且不说解老师设计的父母小档案中含有我们平常想不到的问题,他引导学生思考老师为什么要设计这样的调查项目,并让学生试着理解其背后的意图。而且学生填写完表格后,他不是让学生逐个汇报,而是交由小组进行统计,只对最后填起来比较困难的一组数据进行分析。对教师与学生的交流,解老师注重学生系统思维的训练,让学生一定要"系统地说",这恰恰是我们日常教学中容易被忽视的。总而言之,解老师给予学生的既有教师该有的亲切关注,更有教师独有的睿智。

二、闻·思考

学生一节课的思维活动和思维发展并不受到课型或是课时的限制,即使是一节基础的识字课,只要教师用心设计,也可以让学生获得不同层次的训练。

一是用"不同寻常"为学生阅读思维加点儿活力。课文还是那个课文，学习内容还是那个学习内容，只需我们开动脑筋变一种提问方式，换一个学习活动，让学生的思维活起来，就像我之前举过的例子，都是概括文章主要内容，有的老师就可以变为"为题目加副标题"；都是执教《一滴水经过丽江》，大部分教师一般问："为什么以一滴水的角度来写？"而有的教师就会另辟蹊径，问："什么是水能看到，人看不到的？"

二是用"不同方式"为学生阅读思维加一点活力。这里的方式主要是指学生的学习方式。例如，在名著阅读中，教师引导学生根据提示猜情节，出示几个做好示范，引导学生发现教师都关注了哪些细节，然后变换方式，让学生试着出提示，教师来猜或者其他小组猜。又如，文言文阅读，总是教师出句子考查学生，学生也可以出出小卷考考大家。变换一个方式，学习的积极性又被调动起来了。

三是用"不同层次"为学生阅读思维增加一点活力。学生在一节课上的思维发展最好是螺旋上升式，尽量避免心电图式。换言之，学生在一节课上的思维发展最好能突破平面化，具有一定的思维品质。这就要求教师在进行教学设计时应关注学生不同类型的思维，或者不同层次的思考。

"当一个人把在学校学到的知识忘掉，剩下的就是教育。"我们教师应常常反思一节课过后，学生会剩下些什么呢？

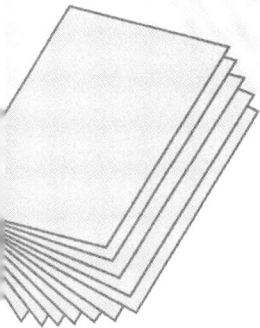

第四章

知行合一, 探索多样成果

第一节 强化传统文化，为阅读"增值"

第01篇 初中古诗教学如何从
"体味"到"欣赏"

——以"杜甫诗"的教学片断为例

古诗可叹天下美景，抒千古情怀，引无数文人竞折腰。它既是传统文化的精髓，更是历史变迁的缩影。古诗以其经久不衰的魅力，滋养着一代代中华儿女。走进中小学教材的古诗内容，更是肩负着传承中华优秀传统文化，奠基学生精神世界的重任，因此它的教学价值不言而喻。

然而，初中古诗文教学仍脱不开"应试"的牢铐，细碎理性的分析"一以贯之"，加之古诗篇幅增长，含义加深，学生更是摸不着门道。从小学到中学，经历了不同学段的古诗教学后，初中学生学习古诗的兴趣下降，这不得不引发我们的分析与探究。

一、初中古诗学段目标分析——从"体味"到"欣赏"

《义务教育语文课程标准（2022 年版）》（下文简称《语文课程标准》）中古诗相关的目标，不同学段有不同侧重，为古诗教学指明了方向。如，第三学段，背诵优秀诗文 60 篇（段），注意通过语调、韵律、节奏等体味作品的内容和情感；第四学段，诵读古代诗词，阅读浅易文言文，能借助注释和工具书理解基本内容。注重积累、感悟和运用，提高自己的欣赏品位。纵观古诗不同学段的目标与内容,其反映了《语文课程标准》目标设定的特点,相互联系,螺旋上升。

《语文课程标准》第一二学段的目标,都出现了"体验"一词,对象都是情感。"体验,即通过实践来认识周围的事物。"第一二学段主要通过"读"的实践活动来认识古诗。只是第一学段获得的是初步"体验",而第二学段,则需要在领悟大意,展开想象中,让情感体验更加充分。到第三学段,不再是体验情感,而是体味作品的内容和情感。"体味,仔细体会",既包括体验,又包含品味。学生古诗的学习在"读"的实践活动,更重视静态的思维活动,同时,学习方法更加聚焦,即通过语调、韵律、节奏等体味作品的内容和情感。

第四学段目标中提到:"诵读古代诗词,阅读浅易文言文,能借助注释和工具书理解基本内容。注重积累、感悟和运用,提高自己的欣赏品位。"这一学段强调了古诗学习的一般方法,如积累、感悟、运用,并提出学生应提高自己的欣赏品位。"欣赏",享受美好的事物,领略其中的情趣。这既要求学生运用发现古诗"美"的能力,并能从中收获美好的情感、乐趣、理趣。

二、初中古诗欣赏内容分析——从"意象"到"意境"

古诗好比一幅画,表面有景、有物;里面有情、有志;整个画面更有意味、境界。其中的"景""物"就是古诗中的意象,"景"与"物"构成的整个画面的意味与境界,既为古诗中的意境,也可称为古诗的艺术境界。

王荣生教授也在《语文教学内容重构》一书中提到"诗歌的美在于它的意境美"。意境,是诗人在诗中所表现出来的意味和境界,正是古诗魅力之所在。可见,欣赏古诗,必欣赏它的意境。

近代国学大师王国维在《人间词话》中将诗词的艺术境界分为"有我之境"和"无我之境"。他说:"'眼问花花不语,乱红飞过秋千去''可堪孤馆闭春寒,杜鹃声里斜阳暮',有我之境也。'采菊东篱下,悠然见南山''寒波淡淡起,白鸟悠悠下',无我之境也。有我之境,以我观物,故物皆著我之色彩。无我之境,以物观物,故不知何者为我,何者为物。"换言之,古诗中如果有诗人强烈的思想情感,是诗人借景或物抒发自己的情怀或志向,或是婉转低回,或是激情高亢,或是宏壮低沉,那么此类古诗的境界乃为"有我之境"。如果诗人归从自然,忘怀自我,完全融入外物之中,以外景优美而优美,以外物宁静而宁静,那此种境界即为"无我之境"。

初中教材中的古诗,这两种意境兼而有之,"有我之境"的古诗,如《望岳》《春望》《酬乐天扬州初逢席上见赠》《登幽州台歌》等;"无我之境"的有《山中杂诗》《竹里馆》《归园田居(其三)》等。"有我之境"的古诗所占比重仍在"无我之境"之上。虽然王国维更欣赏古诗的"无我之境",但"有我之境"的古诗更符合青少年的认知水平和喜好。

小学读诗,中学赏诗。小学高段古诗教学在多种形式地读诗后,把握的是诗歌的主要内容,体味的是诗人的情感,抓住的是意象。到了中学,欣赏不仅在于"了解"和"体味",更不仅限于意象,而是引导学生就古诗的意境发表自己的看法和观点。在声声诵读后,学生通过用词练字、话题交流、诗文拓展等方式走进古诗的意境。意境,比情感更丰富。它是在诗人抒发"壮志""怀念""思家""忧国"等情感时创造出的"雄奇""悠远""冷寂""悲壮"之类的艺术特征,因此,"那些既能概括景物特点,又体现着情感色彩的词语最适合用以概括意境特点,如恢宏辽阔、沉郁深婉、清新质朴、宁静高远、悲凉慷慨等"。欣赏,偏重学生的感性思维,尊重学生的个人喜好,鼓励学生的个性化感受,同时,又在创作背景,诗人经历的支撑下引导学生进行一定的理性判断。

三、初中古诗教学"欣赏"策略探究
——以"杜甫诗"的教学片断为例

杜甫历经唐朝的由盛转衰,"他将国家离乱之感,骨肉分散之情,一一写在他诗里",可想而知,杜甫的诗是"有我之境"的突出代表。他的思想变化在不同时期的诗作中表露无遗,同时由诗表现出来的艺术特征也是不尽相同的。一般认为,杜甫的人生分为四个时期,读书漫游期、困局长安期、陷贼为官期、西南漂泊期。

在《语文课程标准》的指导下,我们可以试着将杜甫不同时期的作品进行比较赏读。学生可关注诗文的用词炼字,以背景为支撑进行话题交流,通过诗人同时期或同主题诗文的比较,体味诗人的诗文风格,丰富对这位诗人诗文艺术特征的把握,提升学生欣赏诗文的品位。

(一)用词炼字

古诗是用词炼字之典范。换字、聚焦等策略可以引导学生欣赏古诗语言之美,引领他们捕捉古诗的意境。例如,在教学《望岳》一诗中的片段:

师:"听了同学们的分享,我也想把这首诗读一读,你们想听吗?"

生齐:"想!"

师:"岱宗夫如何？齐鲁青未了。造化钟神秀,阴阳分昏晓……"

生齐:"老师您读错了,您又在乱改古诗了……"

师:"是吗,改一改不行吗?"

生:"'割'字感觉泰山像被人竖着一下劈断。"

生:"'割'字能体现泰山的笔直陡峭。"

生:"那种遮天蔽日的霸气完全被体现出来了,您改了以后韵味全没了。"

师:"这让我想起了杜甫的另外一首诗《青阳峡》中的诗句:'林回峡角来,天窄壁画削。'这两句中,你觉得哪个字用得好?"

生:"'削'字跟'割'一样地写出来青阳峡的陡峭气势。"

生:"这两个字有'异曲同工'之妙。"

师:"难怪有人评价杜甫的诗,说他形容景物,不过是只在一两个字也。"

在这之后,教师还可再推荐杜甫其他写景的诗句,进一步引导学生深刻体会杜甫写景用词的功夫。这既能帮助学生进行古诗的积累,又有助于他们提高欣赏能力。

（二）想象通情

为了引导学生更加深入地走入古诗的意境，想象与诗人通情是必不可少的策略。中学的古诗教学，学生的想象更加注重诗人的心理活动。例如，执教《春望》一课：

师："'白头搔更短，浑欲不胜簪'，诗人到底在想什么呢？"

生："诗人在想他分离的家人何时才能相见。"

生："诗人在想这残酷的战争怎么还不结束啊。"

……

生："学《望岳》时，我们感受到了诗人的豪情壮志，而此时的诗人看到自己飘落的白发，想自己已经老了，还能做什么呢。我感到诗人很凄惨。"

学生在念离别凄苦，眉头紧锁；在忧国难深重，声声叹息；在感年华老去，频频摇头……学生由想象开始走入诗人的心里，更把诗人的情怀融入自己的心里。这样的感受，有助于提高学生的欣赏能力。

（三）话题探究

在学习古诗的时候，教师设置开放性的"话题"，让学生进行深入交流，可锻炼学生的思维，以"挑战"激发了他们学习古诗的兴趣，提升他们的欣赏品位。例如，在执教《石壕吏》一课时：

师："有人认为，老妇是在官吏的层层逼问下回答的问题，你同意这种观点吗？"

学生再次读文，小组交流后分享自己的感受。

生："我们组觉得老妇之所以能回答得这么有条理，是因为她很机智，早就想好了怎样回答官吏了，并不是官吏一步步逼问出来的。"

师："谁有不同意见？"

生："请大家不要忘记她只是个老妇，在唐代，她能懂得那么多吗？"

生："结合前文'吏呼一何怒，妇啼一何苦'，官吏那么凶，他们来得那么突然，老妇早就被吓坏了。"

师："我们可以从原文中找到依据。"

生:"我同意刚才那位同学所说的。再者,杜甫是大诗人,他为了突出老妇的形象,重点描写了老妇的语言,把官吏的话省去了。"

师:"杜甫为什么不详细地刻画官吏的形象,没有把官吏的那些话写出来?"

学生思索。

师:"结合当时的历史背景,作为唐朝人,他有什么样的想法?"

经过几番交流、思索、修正后,一学生说:"他一方面想唐王朝平定叛乱,一方面又觉得征兵役确实让百姓很苦。他的内心很矛盾。"

学生在话题的指引下,进一步研读诗文,结合背景材料深入思考,探究作者的内心。这一个过程使学生读"文"与悟"情"结合得更加紧密,同时又调动了学生延续性学习的兴趣,课后他们更愿意详细了解诗人及其创作。

(四)诗文拓展

在《望岳》一课的尾声,笔者安排了如下的环节:杜甫一生创作了三首《望岳》,正写于不同的人生阶段,让学生再读一读他的另外两首《望岳》,看看有什么不同的感受。

学生齐读,分享感受。"三首《望岳》写出了山川景物的不同风貌特征,给人以美的享受,而且寓情于景,把壮伟的理想、坎坷的遭遇、忧愤的情愫寓于观览之中,清晰地记录了诗人的思想历程……"

《石壕吏》交流完毕后,笔者又给学生下发了《新安吏》《新安别》两首诗:"三吏""三别"是组诗,既一脉相承,又互为补充。那么其他诗文是否同样反映了杜甫诗的真实与深刻,从文中找出相应的诗句。学生快速浏览,提取信息,继续领略"诗史"的艺术魅力。

诗文拓展,把同一诗人或同一主题不同诗人的诗进行比较,丰富学生的积累感悟,让学生把刚刚收获的感受或思维加以运用,更利于学生欣赏能力的提高。

古诗可叹天下美景,抒千古情怀,引无数文人竞折腰。它既是传统文化的精髓,更是历史变迁的缩影,以其经久不衰的魅力,滋养着一代代中华儿女。我们不应在它的身上盲目地追寻创新和华丽,更不应把它陷于禁锢和负累。高质量的古诗教学能温暖人的心灵,陶冶人的性情,给人以力量。不同学段的古诗教学各有各的目标和内容,它们彼此联系,螺旋上升。"欣赏"是重要的"起承转合",它延续着小学"诵读"的魅力,更积淀着高中"鉴赏"的能量。"厚积而薄发",初中古诗教学任重道远,我们共同奋进。

第⑫篇 教材中以"中华优秀传统文化"为主题的课程内容结构化设计初探

《义务教育语文课程标准(2022年版)》(下文称为"2022年版课标")不仅为我们带来了一些新概念,更把一些教学理念拉入我们的研究视野,如立足核心素养、课程内容结构化、"教学评"一体化等。以结构化的方式来组织课程内容是本次义务教育课程标准修订的一项重要变革。"课程内容结构化"一词明确出现在《义务教育数学课程标准(2022年版)》中,其实此次义教课标修订,各个学科课标内容都体现了课程内容结构化这一理念,如化学、历史等学科的大概念和语文学科的任务群等。

一、课程内容结构化的特点

那什么是课程内容结构化呢? 黄伟老师在《追求阅读教学内容结构化,促成核心素养进阶发展》一文中是这样解释的,教学内容结构化或教学内容结构优化,便是通过教学设计使教学内容形成难易有序、深浅适度、层次分明、有机关联的学习序列与阶梯,以引导学生进行结构化学习、深度学习和关联学习,从而实现核心素养的进阶发展。本文以此类推课程内容的结构化,将课程内容结构化理解教师打破课时、单元、学期的界限,从教材体系的角度出发对教学内容进行分析,建立相互关联、难易递进、层次分明的学习任务群。我们要遵循课程内容结构化理念进行任务群的构建,应体现以下三个特点：

（一）整体性

简言之，课程内容结构化即对整个初中阶段教材内容进行整体性的思考和设计，将教材内容或是按照大观念，或是按照大概念，或是按照大单元，或是按照任务群等进行整合，构建横向、纵向联系，形成有结构性意义的整体。学科知识必须根据学习和发展需要进行筛选、集约、重组和统合，纳入核心素养培养内容的整体结构。

（二）进阶性

2022年版课标分三个层次设置6个学习任务群，上承高中学段，建立了承上启下的关系。此外，《义务教育语文课程标准（2022年版）》提出围绕核心素养确立课程目标，并提出四大学段的具体要求。这些学段要求之间是纵横交错、螺旋上升的。那么，作为实现学段要求载体的课程内容也应与之相适应，构建进阶式结构，从而有利于课程目标的达成，进而促成课程核心素养的进阶发展。

（三）综合性

北京师范大学文学院研究员、教育部义务教育语文课程标准研制修订组核心专家吴欣歆教授曾说："现在我们希望将语文学习作为一个整体，阅读只是语文学习的有机组成部分，围绕各种语文实践活动，建设结构化的语文课程内容。"核心素养本身就是一种可迁移的综合性品质，因此，在课程内容的组织形态和呈现方式上，我们需要跳出学科逻辑和知识点罗列的窠臼，摆脱"只为读写"的常态教学惯性，按照学生的学习、发展逻辑来综合开展各种语文实践活动，进行课程内容结构化设计。

二、课程内容结构化的作用

课程内容之所以需要结构化设计，是因为它顺应了新时代对于语文教学提出的一系列挑战和需要。

（一）落实学科育人的需要

2022年版课标在课程内容结构化改革方面起到了率先垂范的作用，它强调站在课程育人的高度，落实立德树人根本任务，促进育人方式变革。从培养德智体美劳全面发展的社会主义建设者和接班人视角来看，学科知识必须置于育人方式变革语境下进行结构化整合处理，增强知识学习与学生实际生活以及知识整体结构的内在联系，充分发挥语文课程的育人功能。

（二）减轻课业负担的需要

"双减"政策出台后，教师要帮助学生实现知识内容的高效率、深层次学习。因此，义务教育课程需要加强知识整合，进行学科课程内容的结构化设计，突出学科体系的核心内容，削减烦冗内容，避免知识的零散、无序，横向统整，纵向贯通，构建符合学生认知规律的内容体系，以整体性、进阶性、综合性的课程内容结构启动高质量的学习。

（三）解决实际问题的需要

六大任务群绝非孤立的个体，而是榫卯耦合的整体。从这个意义上讲，一方面，学习任务群的构建不仅要打破单元的界限，文体的限制，还打破了课堂的边界，延伸了学习的外延。因此，任务群的构建除了要立足核心素养外，也需要操作化的理念指导。另一方面，黄伟老师在他的文章里写道："语文教学内容结构优化比起其他学科更为重要，也更为迫切，因为语文学科教学内容逻辑性不强，序列性不明，阶梯性不显，一直是语文教学内容上的缺陷。"我们目前面临着新课标、旧教材的问题，如何在旧教材中落实新课标理念，不断困扰着我们，考验着我们……课程内容结构化理念即为我们提供了一个摆脱这一桎梏、寻求突破，构建学习任务群可遵行的路径和框架。

（四）培养核心素养的需要

课程内容是课程标准修订最实质的问题。课程内容不变，核心素养理念就很难落地。2022年版课标在课程理念中写道："学习任务群的安排注重整体规划，根据学段特征，突出不同学段学生核心素养发展的需求，体现连贯性和适应性"。可见,基于核心素养对课程内容进行结构化整合,反映了课程理念,反映了课程内容改革的新动向。

三、课程内容结构化的方法

初中语文课程内容结构化设计并不是要弱化学科知识,而是以核心素养为引领,把学科核心知识融入学科或跨学科的主题、项目、任务等学习活动中,形成横向关联互动、纵向进阶衔接的课程内容结构体系。

(一)区分概念,明确初中语文课程内容结构化设计的方向

我们首先理清2022年版课标中的两个概念,即"学段要求"和"学业质量标准"。虽然我们进行了课程标准的学习和研读,但是不少教师对于这两个概念的认识还是模糊的,认为其所描述的内容相似,甚至重复。根据吴欣歆教授在《对话吴欣歆:建设结构化的语文课程内容》一文中解释,"课程目标只告诉老师说我们'要的是什么',然后老师可以用各种各样的方式达到目的,这是给老师一个很大的开放空间"。由此可见,课程目标中的"学段要求"是教师在教学中引导学生要达到的基本标准,是时代、社会对教师在这个学段要做到的要求,是客观的。"学业质量标准"则是学生经过一个学段的学习后核心素养达到的水平和程度,是学生的"关键行为"表现,包含什么情境、干什么、达到什么程度三个要素。它的主体是学生,看学生在情境当中是否有"应对"和"调整"的能力等。学业质量标准是用来测评课程目标、学段要求的,具有一定的主观性。

2022年版课标中对于"中华优秀传统文化"提出不同的"学段要求",如图:

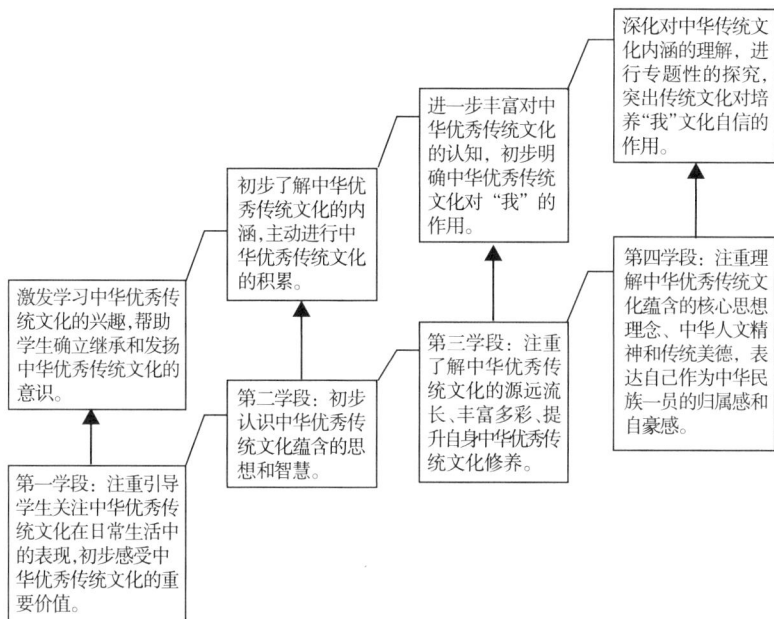

图 4-1　"中华优秀传统文化"学段要求

以上是针对不同学段的老师要达到的要求，那么学生要有怎样的关键表现呢？在文学体验的学习情境下，学生通过第四学段的学习能通过口头或书面方式，向他人推荐中华优秀传统文化经典作品；能概括文学作品中的典型形象特征和典型事件，并归纳总结出一些文化现象，了解基本的中国古代文化常识等，还能根据具体情境要求，选择合适的文本样式记录经历、见闻和体验，表达感受、认识与观点等。

通过上述梳理，我们发现第四学段的中华优秀传统文化可以以核心思想理念、中华人文精神和传统美德为主题进行课程结构化设计，从而构建超越单元的学习任务群。而第四学段学生对于中华优秀传统文化的学习，也不仅停留在会读、会诵、会解、会析的层面，而是自主进行深入探究后将其内化为自身文化认知的一部分，在不同情境的需求下，能进行理性的表达。

(二) 选定主题，突出初中语文课程内容结构化的整体性

有了上述方向，我们就可以选定主题，这是初中语文课程内容进行结构化设计的起点，也是任务群构建的起点。我们可以进一步将第四学段涉及

的优秀传统文化三个方面进行细化，其实 2022 年版课标已经帮我们细化好了主题："围绕创造性转化和创新性发展要求，确定中华优秀传统文化内容主题，注重弘扬讲仁爱、重民本、守诚信、崇正义、尚和合、求大同等核心思想理念；弘扬有利于促进社会和谐、鼓励人们向上向善的中华人文精神；弘扬自强不息、敬业乐群、扶危济困、见义勇为、孝老爱亲等中华传统美德。"

本文试着与课程标准建立联系，从课程标准所列中华优秀传统文化主题出发对教材中的相关内容进行分类，如下：

表 4-1　教材中"中华优秀传统文化"主题分类列表

主题	主题类型	小主题列举	相关篇章	补充说明
中华优秀传统文化	核心思想理念	讲仁爱、重民本、守诚信、崇正义、尚和合、求大同等	《孟子》三章、《曹刿论战》《岳阳楼记》《醉翁亭记》《出师表》《桃花源记》《大道之行也》《爱莲说》《陋室铭》等	1. 对主题类型进行准确解读，坚持开放性、多元性，研究与教材内容更加适切的主题 2. 以主题构建学习内容，要将古诗文文化知识融入其中，不可忽视，亦不能死记硬背 3. 开设拓展类课程，创设情境学习任务，强化学生对中华优秀传统文化的认同和自信
	中华人文精神	促进社会和谐、鼓励人们向上向善	《答谢中书书》《与朱元思书》《礼记》二则、《江南逢李龟年》《关雎》《蒹葭》《夜雨寄北》等	
	中华传统美德	自强不息、敬业乐群、扶危济困、见义勇为、孝老爱亲等	《世说新语》二则、《〈论语〉十二章》《诫子书》《孙权劝学》《木兰诗》《愚公移山》《送东阳马生序》等	

（三）解读教材，突显初中语文课程内容结构化的进阶性

的确，教材中关于知识点的序列不是十分明显，成散点分布，但是我们依然可以从中看到前后进阶的特点，如七年级上册补白中"古代常见敬辞与谦辞"就为七年级下册《孙权劝学》这一课称谓语的了解和学习进行了铺垫。如果教师在教学中认真对待了这两部分内容，那么学生对古代称谓语也就有了一定的了解和积累。从"积累拓展"的安排看，七年级上学期的重点是文言实词的理解和积累，而且多是文言文中常见的实词；七年级下学期

从"之"开始引入虚词的理解和积累。进入八年级,文言现象也逐渐多了起来。就"一词多义"一种而言,"积累拓展"中的安排是先从实词的一词多义再到实词、虚词都有的一词多义,从一课内的一词多义再到多课间的一词多义。对于句子翻译的训练,"积累拓展"引导学生的也是先从"五字法"这样的一般方法开始,再到注意主语、结构、顺序等的具体方法,最后是注意语气。九年级则是对文言知识学习的扎实和巩固,更是对学生自主学习文言能力的检验。

诚如上文所说,课程内容的结构化设计不能将知识体系排除在外,而是应将其融入对中华优秀传统文化内涵的理解中去,以思考认知的不断深入,以思想精神的不断提升,美德品质的不断丰富,融合知识的不断进阶,进而推动学生核心素养的进阶式发展。

(四)设计任务,突出初中语文课程内容结构化的综合性

语文课程的学习不再仅仅围着读和写,而是通过语文综合实践活动把听、说、读、写、思充分调动起来。因此,为了顺应学生学习方式的变革,我们教的方式也需及时作出调整和改变,设计相互关联的系列学习任务,开展具有内在逻辑关联的语文实践活动,是语文教学必然的选择。

任务,不是我们平时教学环节简单的转化,更不是教学问题随意地变身,而是在情境中,学生参与的语文实践活动;是发现问题、解决问题的过程;是学生知识、思维、技能、情感、态度等方面的综合运用。学生是任务中的绝对主体,教师要做的是预设充分、支架充足、点拨到位、启发及时,充分保障学生的主体性、积极性、主动性。那么,我们可以设计与日常生活情境相关的任务,例如涉及学校生活和社区生活的任务;我们也可以设计文学体验情境下的任务,例如推荐卡、展板、书报点评、文章鉴赏等;我们还可以创设跨学科学习情境下的任务,就中华优秀传统文化而言,它可以与历史、地理、政治,甚至音乐、美术相结合,例如围绕主题撰写调研报告、组织文化民俗活动、组织诗词诵读大会等。

"课程内容结构化是2022年版课标的突破点,'学习任务群'的引入解决了语文课标'课程内容'缺罅的难题",换言之,2022年版课标的修订在课

程内容结构化理念的指导下在义务教育阶段引入了学习任务群的概念。那么,学习任务群是课程内容的组织方式和呈现形式,仍然需要在课程内容结构化的理念下进行构建。这好比,学习任务群是要展售的产品,课程内容结构化理念提供了展示、销售的体系和框架,目的是最终清晰地、合理地呈现学习任务群的内容,便于使用者科学选用。本文仅是对于任务群构建的又一次大胆的探索,恐有不足、不当之处,愿受批评,愿听意见,愿沉下心来,与同仁一路前行。

第⑬篇　新课标视域下文言文阅读策略初探

我们常常从中考考查的角度去探索文言文阅读的重要性及其方法路径。其实《义务教育语文课程标准(2022年版)》(以下简称为"新课标")早已为我们明确了文言文阅读的价值和作用,例如"课程理念"中提到"吸收古今中外优秀文化","课程目标"提出核心素养内涵中文化自信包括"继承和弘扬中华优秀传统文化",学段要求、课程内容、学业质量等也有文言文阅读的相关表述。古语有云:"取法其上,得乎其中;取法其中,得乎其下。"如果我们从核心素养理念,从学习任务群,从教学评一体化等角度去研究文言文阅读,会收获新的视野和思路。

一、理课标,定好一个方向

(一)课程性质、课程理念、课程目标

梳理新课标相关内容可知,古诗文无论是日常教学,还是中考复习,我们都需要引导学生练习理解能力和初步鉴赏能力,亦不能丢掉审美情趣的培养,更不能忘记中华优秀传统文化的传承和弘扬。如下:

1.课程性质:语文课程应引导学生热爱国家通用语言文字,在真实的语言运用情境中,通过积极的语言实践,积累语言经验,体会语言文字的特点和运用规律,培养语言文字运用能力;同时,发展思维能力,提升思维品质,形成自觉的审美意识,培养高雅的审美情趣,积淀丰厚的文化底蕴,继承和弘扬中华优秀传统文化、革命文化、社会主义先进文化,增强对习近平新时代中国特色社会主义思想的理解和认识,全面提升核心素养。

2.课程理念:立足学生核心素养发展,充分发挥语文课程育人功能。义务教育语文课程围绕立德树人根本任务,充分发挥其独特的育人功能和奠基作用,以促进学生核心素养发展为目的,以识字与写字、阅读与鉴赏、表达与交流、梳理与探究等语文实践活动为主线,综合构建素养型课程目标体系;面向全体学生,突出基础性,使学生初步学会运用国家通用语言文字进行交流沟通,吸收古今中外优秀文化成果,提升思想文化修养,建立文化自信,德智体美劳得到全面发展。

3.课程目标:核心素养内涵中的文化自信是指学生认同中华文化,对中华文化的生命力有坚定信心。通过语文学习,热爱国家通用语言文字,热爱中华文化,继承和弘扬中华优秀传统文化、革命文化、社会主义先进文化,关注和参与现代文化生活,初步了解和借鉴人类文明优秀成果,具有比较开阔的文化视野和一定的文化底蕴。

4.总目标:一是热爱国家通用语言文字,感受语言文字及作品的独特价值,认识中华文化的丰厚博大,汲取智慧,弘扬社会主义先进文化、革命文化、中华优秀传统文化,建立文化自信。二是学会运用多种阅读方法,具有独立阅读能力。能阅读日常的书报杂志,初步鉴赏文学作品,能借助工具书阅读浅易文言文。三是感受语言文字的美,感悟作品的思想内涵和艺术价值,能结合自己的经验,理解、欣赏和初步评价语言文字作品,丰富自己的情感体验和精神世界。四是能借助不同媒介表达自己的见闻和感受,学习发现美、表现美和创造美,形成健康的审美情趣。

(二)课程内容、学业质量

义务教育语文课程内容主要以学习任务群组织与呈现,按照内容整合程度不断提升,分三大层次6个任务群。古诗文阅读属于发展型学习任务

群中的"文学阅读与创意表达",其内容如下表:

表4-2 文学阅读与创意表达

项目		内容	能力
文学阅读与创意表达	学习内容	阅读表现人与自然的优秀文学作品,包括古诗文名篇,体会作者通过语言和形象构建的艺术世界,借鉴其中的写作手法,表达自己对自然的观察和思考,抒发自己的情感	初步鉴赏语言、形象、写作手法 表达观察、思考、情感、审美感受等
		阅读表现人与社会、人与他人的古今优秀诗歌、散文、小说、戏剧等文学作品,学习欣赏、品味作品的语言、形象等,交流审美感受,体会作品的情感和思想内涵;尝试写诗歌、小小说等	
	教学提示	注意整合听说读写,引导学生综合运用朗读、默读、诵读、复述、评述等方法学习作品。重视古代诗文的诵读积累,感受文学作品语言、形象、情感等方面的独特魅力和思想内涵,提升审美能力和审美品位	朗读、默读、诵读、复述、评述等表达能力 初步鉴赏语言、形象、情感等 审美能力和审美品位

表4-3 学业质量中第四学段相关内容

能力	学业质量内容	考查分析
理解能力	能把握主要内容,并通过朗读、概括、讲述等方式,表达对作品的理解 能理清行文思路,用多种形式介绍所读作品的基本脉络	诗词鉴赏第5题、课内文言文9、10题的选项,文言文阅读中字、词、句的翻译
初步鉴赏能力	能从多角度揣摩、品味经典作品中的重要词句和富有表现力的语言,通过圈点、批注等多种方法呈现对作品中语言、形象、情感、主题的理解 能分类整理富有表现力的词语、精彩段落和经典诗文名句,分析作品表现手法的作用	诗词赏析第5题的选项,课内文言文第11题的选项,默写,课外文言文第15题
表达能力	能通过对阅读过程的梳理、反思,总结不同类型文学作品的阅读经验和方法 能与他人分享自己获得的对自然、社会、人生的有益启示,能通过口头或书面方式,向他人推荐中华优秀传统文化经典、革命文化和社会主义先进文化作品 能概括文学作品中的典型形象特征和典型事件,并归纳总结出一些文化现象,了解基本的中国古代文化常识	课外文言文第15题

从课程内容到学业质量,我们进行梳理是为了引起自身的注意,中考对学生古诗文阅读的考查只是学生相应能力或素养的一部分,它具有一定的阶段性、检测性。反过来讲,古诗文阅读也不仅考试中的那几类题型和内容。那么我们在阅读中就要杜绝"一考障目"的功利思想,避免"只见树木,不见森林"的偏颇倾向,避免"走一步,看一步"的盲目行为,让教师有规划、有步骤科学地进行阅读,以理解和鉴赏的不断深入,以审美情趣的不断提升,以思想精神的不断丰富,融合诗文知识的不断进阶,进而促进学生核心素养的不断发展。

二、解教材,拟好一个计划

落实教学评一体化理念,王本华老师指出:"我们必须牢牢抓住一个媒介,那就是教材。"分析教材,用好教材,是我们落实教学评一体化理念最重要的途径。

(一)梳理教材

除了文章的长短、内容的难易、思想情感的深浅等,我们也可以从梳理文言文课后内容来分析教材中传统文化相关内容,验证其是否存在进阶性。

表4-4 梳理教材

学期	篇目	"积累拓展"	补白
七年级上册	《世说新语》二则	实词	古代常见敬辞与谦辞
	《论语》十二章	实词	
	《诫子书》	划分节奏,体会韵律	
	《狼》	词类活用	拓展阅读《狼子野心》
	《寓言四则》	实词、一词多义	

续表

学期	篇目	"积累拓展"	补白
七年级下册	《孙权劝学》	语气词、称谓语	
	《木兰诗》	互文	
	《卖油翁》	实词	
	《陋室铭》《爱莲说》	虚词"之"	
	《活板》	一词多义	
八年级上册	《三峡》	一词多义	
	《答谢中书书》《记承天寺夜游》	实词	
	《与朱元思书》	词类活用	
	《孟子》三章	翻译文言语句	
	《愚公移山》	一词多义(实词)	
	《周亚夫军细柳》	一词多义(实词、虚词)	
八年级下册	《桃花源记》	一词多义、古今异义	
	《小石潭记》	词类活用	
	《核舟记》	分析说明语言、古今汉语中数量的表达方式的不同)	
	《庄子》二则	实词、虚词	
	《礼记》二则	古今异义	
	《马说》	翻译句子,注意语气	
九年级上册	《岳阳楼记》	实词	
	《醉翁亭记》	文言虚词"也"	
	《湖心亭看雪》	无	

学期	篇目	"积累拓展"	补白
九年级下册	《鱼我所欲也》	虚词(于、为、与)	
	《唐雎不辱使命》	语气词、实词	
	《送东阳马生序》	实词	
	《曹刿论战》	古今异义	
	《邹忌讽齐王纳谏》	一词多义	
	《陈涉世家》	一词多义	
	《出师表》	古今异义	

　　的确，教材中关于知识点的序列不是十分明显，呈散点分布，但是我们依然可以从中看到前后进阶的特点，如七上补白中"古代常见敬辞与谦辞"就为七下孙权劝学课程的了解和学习进行了铺垫。从"积累拓展"的安排看，七年级上学期重点是文言实词的理解和积累，而且多是文言文中常见的实词，七年级下学期从"之"开始引入虚词的理解和积累，进入八年级，文言现象也逐渐多了起来。就"一词多义"一种而言，"积累拓展"中的安排是先从实词的一词多义再到实词、虚词都有的一词多义，从一课内的一词多义再到多课间的一词多义。对于句子翻译的训练，"积累拓展"引导学生的也是先从"五字法"这样的一般方法开始，再到注意语法、结构、顺序等的具体方法，最后是注意语气。九年级则是对文言知识综合的运用，是对学生自主学习语言能力的检验。

　　(二)拟定计划

　　对古诗文阅读的教学我们有一些常规的做法，例如让学生利用早读时间朗读或者背读学过的内容，包括课文、注释、写法特色、思想情感等相关笔记；又如我们在进行文言文单篇教学时应有意识地进行初中学段相关知识的串联和整合。有的教师讲到一个重点实词，就会让学生回忆已经学过的含有这个字的课文和句子，如果课上时间不充分，就让学生回家翻书进行整理和总结。

　　"凡事预则立，不预则废"，教师在进行古诗文阅读时还需要进行整体

的设计和规划,有符合学情的内容的选择、方式的设计,以及适切的检测手段等。以九年级文言文阅读复习为例,如下:

表4-5　九年级文言文阅读复习

学期	课型	类型	主要内容
第一学期	专题指导课	文言实词推导课、文言虚词辨别课、诗文翻译升格课、诗文赏析课等	字、词、句的背默及课内古诗文内容的整理与总结
第二学期	主题训练课	古诗文赏析课、主题回顾课、主题拓展课等	中考题型训练,课外文言文训练、答题技巧训练等

以九年级上册第三单元为例,学生学习这一单元时可以完成一个"长作业",即利用一周或两周的时间,将初中阶段写景抒情的文言散文进行表格整理,涉及景物特点、思想情感、手法特色等。教师也可以围绕古诗文阅读定期开展主题课的教学。教师可试着与新课标建立联系,从其所列中华优秀传统文化主题出发对教材中的相关内容进行分类,如从核心思想理念、中华人文精神、中华传统美德等方面确定主题。教师们需要发挥备课组或是学科组的集体智慧研究几个主题,从课内巩固到课外拓展训练,进行文言文阅读的综合训练。

三、行理念,上好一节阅读课

文言文阅读课要多些"趣"味,让学生们一点一点地喜欢文言文阅读。

(一)创设情境,组织活动,让阅读多点"兴趣"

新课标颁布后,特别是学习任务群提出了情境性、实践性、综合性三大特点,创设情境就成为课堂教学改革的重要着力点。创设情境强调真实性,不同研究者对此也发表了自己的观点和看法。但是我们对创设情境"真实性"把握得不是那么准确,于是课堂教学中的情境也出现了各种样态。这里谈一点对任务群教学时创设情境的思考。

天津市教育科学研究院课程教学研究中心主任赵福楼在第13届"人教

杯"培训中曾交流，现在课堂教学中的情境创设出现了一种"戏说"的情况，就是老师声称学校组织或者与学校共同组织了什么活动，需要学生完成什么任务，但实际上根本没有这类活动，学生完成的任务将来也用不上。赵福楼主任称这种情境为"戏说"情境。还有一种情境，笔者称之为"穿靴戴帽"式情境，如一位教师在执教《美丽的颜色》一文时，创设情境引导学生编写居里夫人的纪念册，但后面的内容仍是文章的解读，推进的方式还是教师的层层追问，直到最后学生完成的成果也是给居里夫人写的颁奖词。中间的各个学习活动和情境之间没有任何关系。这样的情境创设难免会有为了情境而情境之嫌疑。如果我们认为情境创设不好把握，起码这两种情境创设的方式是可以避免的。正如陶行知所言："千教万教教人求真，千学万学学做真人。"这个"真"是万万不能丢的。

那么，真实的情境还可以怎样解读呢？新课标学业质量描述中提出日常生活、文学体验、跨学科学习三类语言文字运用情境，可以给我们一些启示。

第一，当我们无法找到与生活联系的合适情境时，首选文学体验情境。"文学体验"首次出现在新课标中，个人理解文学体验可以包含阅读经典文学作业、创作文学作品、参观文学展览、开展文学类活动等。值得我们思考的是阅读经典文学作品这一内容，课文都是经典的文学作品，这些经典的文字也是我们学习的情境。正如肖培东老师所说，语言文字就是最好的情境。我们不要忘记学习着读、思考着读、美美地读，就是在创设情境。

第二，不要忘记学生的学习需要，即学习情境。王荣生教授将语文学科的学习情境分为三类：一是为了学习的真实的问题情境；二是为了学习的真实的沟通情境；三是为了学习与文本对话的情境。有位教师在进行文言文翻译指导课时先是通过问卷星调查了解了学生在阅读文言文时急需解决的问题，然后从此问题出发，带着学生回顾教材，总结方法，并让学生化身小老师互相帮助、互相指导，整节阅读课的气氛活跃了起来。

第三，真实性是指学生真的学习、真的思考、真的实践。王宁先生说："所谓'情境'，指的是课堂教学内容涉及的语境。所谓'真实'，指的是这种语境对学生而言是真实的,是他们在继续学习和今后生活中能够遇到的,也就是能引起他们联想,启发他们往下思考……"例如我们可以逆向设计阅读内容,先想这节课学生需要训练哪些能力和思维,对应哪些学习活动,这些学习活动是否可以放在一个情境里,如果实在想不到,也没有必要为了情境而情境,只要学习活动真实地发生,学生的思维真实地得到锻炼,我们的语文教学也是符合新课标理念的。

我们承认,讲授的"阅读"方法有一定的效果,但是我们应研究如何将阅读的效果进一步扩大,学生的实践活动必不可少。例如,我们在阅读的时候会回顾部编本教材对文言文考查的要求或是中考命题类型和内容举例。教师滔滔不绝地讲,再一个个举例,带着学生回忆。我们是否可以变换一下形式,如学生就一课或一个单元,甚至是不同单元的同主题、同体裁、同题材的几篇课文之间进行文言知识的整理,自己整理后的知识印象更加深刻,教师再总结提醒补充教材考查要素或中考命题方向,效果岂不更好。

苏霍姆林斯基说过:"如果一条规则是没有经过透彻思考过足够适量的事实而硬背下来的,那么,学生可能记住了它,但是却不懂得它,因而就连记忆也是不会牢固的。""语文言语实践特性,不仅是语文核心素养的'核心',同时也是设计阅读的出发点和归宿。"但有一点要提醒语文教师,语文的实践活动并不等于大型综合活动。初三阅读课只要立足于"阅读与鉴赏、表达与交流、梳理与探究"等实践,打破灌输式的讲授,设计出能让学生暴露问题并能自己解决问题的活动,便是有意义的"活动"。

(二)巧设任务,强化表达,让阅读多点"理趣"

新课标提出学习任务群理念,从此学习任务便有了比往日的任务驱动更加丰富的内涵。往日,在任务驱动的教学理念下,我们常常在教学中设置任务,那时的任务与传统的教学环节或是教学问题没有多大的区别。但是任务群理念下的"任务"内涵要更加丰富。北京特级教师闫存林老师在《语文学习任务设计:原理、方法与案例》一书中这样说过:"学习任务,简要来说,就是让学生去做事。凡是不能让学生进入做事这个情境之中的,就不能称为任务导向。"比方说,"初读课文,概括文章内容""鲁迅小说环境之分析思考""默读课文,品读语言"等,虽然也可以称作任务,但不是一个良好的任务,或是说不是新课标任务群理念下的学习任务,因为对学生来说,这样的任务描述并不清晰,缺少情境,缺少学习的路径或是操作的方法,缺少可检测性的表现。反言之,任务设置应具有情境、学习方法、学习行为表现等要素,用吴欣歆教授的话来解释,就是在什么情境下干什么以及干到什么程度。当然任务设置中不一定都要有指向真实生活的情境,但必须指向学生真实的学习需求。

例如教师在文言文阅读时设有这样的任务:"整体阅读,圈画时间、地点、人物、事件起讫句、评价句……"这句指向学生读懂文言文的第一步,确实符合学生文言文阅读的思维需要,并且指明了学生的学习内容,而且明确了学习可操作的路径,那就是"圈画"的方法,但缺少了学习行为的关键表现,即干到什么程度。我们可以在表述任务时加上:"在圈画完后,根据圈画内容说明文章层次如何划分及其缘由,注意说整段话,说完整话。"

从学习效果而言,表达是我们阅读课上检测学生学习效果的唯一方式,无外乎是口头表达还是书面表达的区别。学生读得怎么样,思得怎么样,都要通过表达与师生交流。教师亦是通过学生的表达来检验学生学习的程度和效果,甚至发现学生的问题,从而进一步调整阅读方式和方法,就此而言,我们不能忽视学生的表达,更要重视对于学生表达的引导和引领,起码在阅读中应努力做到"一忍、一减、一支、一放"。

一忍,就是教师一定要忍住,不要碎问。在阅读课中,我们常常看到这样一种现象,就是教师安排学生交流汇报了。等到学生真的站起来发言,教师就忍不住一句一问,不断提示,学生的表达就像填空一样。学生在老师的追问和提示下,留在脑海里的是碎片化的印象,这样不利于学生阅读思维的训练和养成。

一减,就是课堂必须减少学生的哄答行为。我们不能把学生哄答当成课堂气氛良好甚至学习效果良好的表现。有些时候,我们为了教学环节的顺畅,会习惯性地让学生一起回答,即哄答。学生哄答了,就代表他们真的学会了吗?也许指名学生回答的确会浪费时间,如果点到不会的学生,教师的教学环节就无法有效推进,这说明学生的学习还存在问题,需要教师的再次指导。而且一个学生答不上来,肯定还有其他学生不会或者不明确的,所以哄答往往会让有问题的学生应付过去,让真正的问题糊弄过去,哄答可以在课堂中出现,但要注意时机,千万不宜过多。

一支,支持学生整段表达,教师用支架、肢体等给予学生适当的帮助和鼓励。如果担心学生不能整段表达,教师可以事先设计表达格式,或是提供表格、提示语等引导学生说出自己的发现、理解、体会、感悟等。还有学习任务完成后,教师也可以给学生充分的时间去表达,当学生表达不畅时,教师应用眼神、肢体或是问题鼓励、指引学生说下去。学生说完,教师及时点评学生表达需要注意的内容,让下一个学生在表达时作进一步改善,经过一两个学生的回答,后面的学生在表达的完整性及条理性上一定会有进一步的提升。教师千万不能让每一个学生都在一一追问下去完成表达。

一放,即教师放手让学生去组织表达。这主要用于小组合作探究后的交流。教师也常常习惯性地一个学生回答完,问下一个学生,这样既浪费时间,又不利于学生思维的发展。既然进行小组合作探究,教师不妨把发言权交给小组,让组长或是组员商讨发言的顺序和方式。小组展示应是互相配合后完整的、成段的、有条理的表达。即使有不完整的或是不正确的地方,也由本小组或其他小组进行补充或纠正,最后才由教师进行总结和点评。

一言以蔽之,阅读课教师要强化训练学生的表达意识。语言是思维的外壳,完整的、成段的、有条理的表达训练亦是对学生阅读思维的训练和强化。如果九年级的学生还不能完整地表达自己的想法和思考,那就说明我们的表达训练刻不容缓。

(三)善用资源,落实育人,让阅读多点"情趣"

众所周知,工具性与人文性的统一是语文课程的基本特点。古诗文有着极高的文化价值,也有着极强的现实生命力。例如,辛娟老师在阅读文言文字词的时候面对学生词类活用理解的难点,先用现代汉语中词类活用存在的现象引用:

名词作动词：

是的,你真相了!　　　　理解为:是的,你_____了真相!

今天,我也淑女一下。　　理解为:今天,我也_____。

昨天,他大款了一回。　　理解为:昨天,他_____。

你知道这些词语的意思吗？想一想,跟同学交流一下。

名词作状语:野战军　　　　刀削面　　　　敌人只好龟缩在战壕里。

_____的军队　　　　　　　　_____的面

敌人只好_____缩在战壕里。

野、刀和龟本来是名词,它们放在了动词战、刀和缩的前面,作了状语。

这既降低了学生阅读词类活用的畏难情绪,激发了学生的学习兴趣,又向学生证明了现代汉语中对文言的继承和发展,为学生进一步的阅读和学习丰富了意义,这不比单纯功利的目的,更易使人行动起来吗？

阅读勿忘育人。记得年四华老师在做经验分享时曾经说过:"不要把育人排斥在应试之外。"启内心之智,共由衷之情,获思想之得,悟人生之理,念文化之幸,怀家国之情……这些也可以成为阅读课的内核,进一步激发阅读的情趣,增加阅读的动力,丰富阅读的价值。我们需要研究好"文"与"道"融合的有效方式,善用资源就是我们可以做到的简单且直接的方式之一。这只是需要教师平时在上网时也带着语文人的意识多关注,多留存、多阅览有意义的内容。

例如一位教师在执教文言文时,上课伊始,教师先引导学生将通俗的现代流行语与相同意思的典雅凝练的古文对比读,产生趣味与内涵并存的美感;再引用一个充满异国情调的科幻故事,经文言文的重新锻造,虚实结合之间,得以巧妙贯通古今中外……最动人的是教师引用了在韩中国人民志愿军烈士遗骸安葬仪式的祭文,祭文是四六骈文,由于化用了许多来自《尚书》《周易》《左传》《诗经》《楚辞》以及其他古诗文词句,所以网友们纷纷表示文辞古雅不好懂。教师认为这恰是一个进行实词推断的好素材,并设置了帮助网友读懂这篇祭文的学习任务。上课时,教师播放了官方发布的配乐朗诵视频,学生听完颇受感动,但也有同感——"不明觉厉"。学生在不借助任何工具书的情况下挑战自我,为网友解读出祭文中的一些重要词句。学生对这个具有挑战性的活动充满兴趣,教师一声令下,从跃跃欲试到摩拳擦掌,小组内讨论交流得分外热烈。文言实词推断的方法也在学生争先恐后的发言中被一个个总结出来……

当下,许多学生对文言文漠视或反感,如果只是一味地运用阅读资料中的内容练习,那么学生会离文言文越来越远。其实有许多古代汉语仍然鲜活,成为现代汉语中最精华的部分;也有许多场合需要人们主动运用典雅的文言,方能传达出更深沉蕴藉的情感。高效的阅读课堂需要教师巧妙兼顾语文学科的人文价值,"发挥阅读课的人文训育功能"。总之,阅读课需要教师多多精心挑选多元多样的资料资源,成为学生建构意义的帮助者,激发学生的学习兴趣,增强学生的学习动机,搭建沟通新旧知识之间联系的线索,帮助学生更好地建构当前所学知识。

为阅读课增加"趣味"的方式方法还有很多,相信每位老师都有自己的小妙招。语文阅读的内涵还有待进一步丰富,相信每位老师都有自己的新思考。希望我们的中考阅读能少一些"干瘪乏味",多一些"兴趣盎然";少一些"照本宣科",多一些"才思活跃";少一些"冰冷单调",多一些"人文情怀"……在阅读中,学生不再是"如同嚼蜡",教师不再是"苦不堪言",而是在辛苦中快乐,在快乐中奋进,在奋进中成就,在成就中幸福。

第二节　开发课程建设，为阅读"扩容"

第①篇　阅读"动"起来，文字"活"起来
——谈初中语文"活动态"课外阅读课程的实践与思考

随着语文课程改革的不断深入，越来越多的语文教师关注到课外阅读的重要性，一时间，"推荐书目"风起云涌，"名著导读"小试牛刀，"培养学生的阅读兴趣"成为语文教师高高举起的一面旗帜，然而，即使在语文教师的激情推动下，课外阅读也遇到了这样的窘境，即对学生的阅读指导存在主观性、盲目性、缺乏计划性、目的性，学生的阅读没有形成序列和阶梯，缺乏阅读跟进和指导。为了让学生的课外阅读更有目标，更具实效，在市级教研员的指导下，我们在本地教学实际的基础上，尝试将"活动态"语文教学模式运用在课外阅读教学中，取得了一定的成效。

一、当前课外阅读现状之思考

目前在阅读教学中，很多教师尝试使用一些方法来推进学生的阅读，如影视阅读、以演促读、读书会档案评价等，这些方法在激发学生阅读兴趣方面起到了一定的作用，但在学生阅读的广度和深度上还不能发挥明显的作用。很多教师都知道阅读的重要性，课堂教学也致力于阅读教学的高效，但是收效甚微。由于很多的教师和学生在应试的战车上摩拳擦掌，结果是不见学生阅读能力的提高。课外阅读基本上处于无序状态，教师自己很少主

动阅读,却经常教导学生要广泛阅读。在阅读教学中教师对学生课外阅读没有充分的了解,缺乏对学生课内外阅读兴趣、方法的引导。学生的课内阅读繁复琐碎,缺乏学生自省和思考,课外阅读又缺乏必要的推动和引领。这些都不利于学生阅读的拓展和提高。

二、"活动态"课外阅读课程理念之探求

"活动态"课外阅读课程建设旨在以活动方式的多样化推动学生阅读的生态化,实施多样的适合其灵性发展的阅读活动,使生命个体逐步实现阅读的最优化。简言之,就是让学生的阅读"动"起来,让书中的文字"活"起来。让阅读"动"起来,即传统阅读课程的实施是立足于封闭课堂的静态学习,积极探索阅读的动态化实施,立足"语文是一门学习语言艺术的综合性、实践性课程"这一理念,让实践推动学生阅读,让学生在阅读中实现综合发展。另一方面,让书中文字"活"起来,即通过各种形式的课程设置,让死板的黑白文字有了声音,有了画面,通过艺术性的手段让书中的故事或人物在学生感悟中"活"起来,同时让语言文字与学生的生活相关联,在阅读中体验语文的生活化和生活的语文化。

全国特级教师赵福楼老师提出了要教"有品位的语文""有活力的语文""有价值的语文""有魅力的语文"的生态语文教学观。"活动态"阅读是在天津市教研室推动的"生态语文"理念的引领下构建的实践性教学模式,是从不同阶段学生的心理特点和学习需求出发,结合时代特征,从注重阅读思维方面进行改革的教学活动。有效的"活动态"课外阅读,可以大大增强语文教学效果,有益于学生积累语言、扩大知识、增强信息、开阔视野、活跃思维,因此,初中阶段开展丰富多元的"活动态"阅读对学生核心素养的提升有重要的意义。

三、"活动态"课外阅读课程之实践

(一)"活动态"课外阅读课程目标的确立

表 4-6 "活动态"课外阅读课程目标

年级	读的目标	说的目标	写的目标
六年级	注重兴趣,训练学生的阅读速度	注重童趣,关注童心童语的表达	会写读后感
七年级	注重兴趣,训练学生的精读和跳读,学习圈画批注,扩大阅读量	注重情趣,偏向理趣,开始关注个性化情感的表达	会写读书推荐,能初步在习作中恰当引用自己读过的书的内容
八年级	注重思考,养成圈画批注的习惯,跳出文学范畴扩大阅读面	注重理趣,能进行有理有据地阐述	会用各种方式推荐图书,能写出书中深层次的趣味
九年级	注重探究,回归教材中推荐名著,关注细节和深度	注重思趣,能结合书中细节阐述观点	运用所读书籍提升所写文章的思想性

(二)"活动态"课外阅读课程体系的建立

我们在整本书阅读的选择上需要注重与国家课程的联系。整本书阅读书目分为必读和选读两部分,必读书目的确定是以教材内规定的阅读书目和课文的延展书目为主,选读书目的确定兼顾经典阅读和时文阅读,由教师建议,家长推荐,学生自选等。

为了让学生整本书阅读有效果,我们经过反复研究、探讨、修正,最终在课外阅读,特别是整本书阅读上设计了横纵交织的"三四三"的阅读课程体系。

1. "三"种类型的导读课程

整本书阅读可以"导"着读,"小学低段给兴趣,中段给方法,初中给探究"。在这一思路的指导下,我们的课外阅读课程形成了三种导读课型,导兴趣、导方法、导探究。这为学生整本书的阅读提供扶手,发挥"一个支点撬动地球"的效应。

2."四"个阶段的阅读课程

每个人的阅读都呈现出不同的阶段,学校方面也确定了四个阶段的四种课型,初期阶段交流课,中期阶段鉴赏课,后期阶段探究课,终极阶段活动课。以大家都熟悉的《西游记》为例,我们的老师就设计出多种课型,如初读《西游记》,开展"你最喜欢的形象"读书交流;再读《西游记》,说说里面"难"的含义;名著探究,探探《西游记》中"三"及其他文学古典名著中"三"的魅力;汇报展示,《西游记》之课本剧创编等。几个阶段灵活选取,以求与书籍艺术特征更加贴切。我们对一本书的阅读经过一段时间的沉淀,经过不同阶段的推进,期望有更多美丽的文字落实到学生的心里。

3."三"种形式的活动课程

以"讲、演、诵"作为课外阅读活动课程的主要形式。"讲",即驱动阅读思维的论坛演讲类活动,"演"主要指课本剧的创编和表演,"诵"主要指朗诵和背诵,例如,六七年级课本剧表演已成特色,八九年级名著探究备受学生青睐。学校"寻声"朗读亭的设立,让师生都跃跃欲试。学生在这三种形式活动的促进下,各项才能都得到了展示和锻炼。

(二)"活动态"课外阅读课程实施模式的探索

经过多年指导学生进行课外阅读的经验,我们发现对于学生课外阅读促进的行之有效的实施方式就是"共读",师生共读、生生共读、家长和学生共读等,搭建课外阅读的能量场。

1.多方共建,搭建"共读"的有力支撑

学校图书馆给予大力支持,教师亲自为班级图书角购置所读图书,班级家委会为家长选定最划算的书籍团购方案;年级大循环,书籍借阅,传递友爱。多方共建,为课外阅读课程实施提供了有力的支撑。

2.任务驱动,确定"共读"的有效方案

立足于"三四三"的课外阅读课程体系,以学科研讨为引领,根据不同特点的书籍确定不同的阅读活动方案。例如读安房直子的幻想小说给学生小论题进行读书论坛,读《红岩》进行红岩精神演讲活动,读《天蓝色彼岸》

进行手抄报展评活动,读新童年启蒙丛书进行即兴问答,读探险类小说进行课本剧表演等,学科组教师群策群力,共建整本书阅读方案的资源库。

3. 活动促进,营造"共读"的有效氛围

不同层级活动助力,教师指导及时,学生通力合作,家长大力配合,形成生生、师生、家校合作的"共读"氛围。我们每周语文课中有一节阅读课,每个班也有自己固定又独特的阅读活动平台,如悦读会、畅读会、三余讲堂、肆意讲堂等已渐趋成熟。就学校层面而言,一年一度的读书节成了各个年级展示读书成果的盛会。

具体而言,正如天津市教研室龚占雨老师所说,课上阅读活动重在展示、交流与探究,重在积累、熏陶和阅读能力的培养、阅读品味的提升;课下阅读活动重在兴趣的培养、习惯的养成和阅读感悟的动态生成。课下阅读活动是课上阅读活动的前提和保障,"课上阅读活动"与"课下阅读活动"相互作用、密不可分。

"活动态"课外阅读课程建设以"活动态阅读"为突破口,引导学生扩大阅读量,锻炼阅读思维,提升语文综合素养,从而引领学生关注文化,亲近母语,通过体验与熏陶,理解与扬弃,鉴赏与反思,形成一种高品味的精神建构。在"立德树人"这一教育根本任务下,用阅读让学生视野开阔,奠定其终身发展的核心素养;用阅读触发学生个性灵动,彰显其个体生命的鲜活生机;用阅读展现学生竞相成长的积极心态,激发其主动发展;用阅读追求更优,培养学生不断超越的优良品质。

第02篇 基于思维进阶的初中名著阅读课程化设计探究

——以九年级下册《儒林外史》为例

"全民阅读"倡导至今,无论是阅读环境的打造、图书的来源,还是活动的开展、平台的共享等,社会、学校、家庭逐步实现合作,为学生"多读书,好读书,读好书,读整本的书"提供了越来越多的机会和保障。在这一大环境下,初中名著阅读教学也呈现出新的面貌,结出累累硕果。

一、关于当前初中名著阅读设计现状的几点思考

当前关于初中名著阅读的研究成果越来越丰富,研究者们从不同理念入手,多元构建名著阅读的研究基础和角度;从不同途径着力,多方探寻名著阅读的方法和策略。就《儒林外史》名著阅读教学的一些设计而言,透过繁华的表象,我们依然能够发现其中存在着一些问题。

(一)随意发挥,缺乏对名著阅读整本化的思考

名著阅读属于整本书阅读,因此在进行设计时,我们应从整本书阅读的角度考虑学生的需要。当前有些名著阅读的方法和策略只是从单篇阅读经验出发,例如,"猜读"这一阅读方法,我们如果只是针对某一章回谈这一方法的运用,而不解读其在整个阅读过程中处于何种阶段,如何承上启下,以及前承后续的阅读时间如何安排等,那么这一方法的运用效果就难以保障。

(二)形式热闹,缺乏对能力发展进阶化的思考

不同理念的引入,使得名著阅读有了较为丰富的研究基础和角度,但是如果不深究其本质和原理,只求形式上的创新,那么只是做到了表面上的热闹,甚至会惹上"新瓶装旧酒"的嫌疑,其作用和效果也是十分有限的。其实无论哪一种理念,其目标都是指向学生阅读习惯的培养和阅读能力的发展,因此以学生阅读能力的进阶化发展为准绳进行科学设计,才能真正落实这一目标。

(三)散点设计,缺乏对阅读设计课程化的思考

当前名著阅读的设计的确十分丰富,但我们通过深入思考,不难发现,这些设计虽然数量可观、形式多样,但多处于同一层面的散点设计,彼此之间缺乏相辅相成的联系,更不要说形成促进学生不断发展的层级体系了。

无论是从名著阅读的效果角度，还是学生能力发展的角度，名著阅读的设计都需要保障学生逐步深入地阅读过程，实现螺旋上升的阅读目标，因此名著阅读需要改变散点设计的现状，走课程化设计的道路。

二、基于思维进阶的名著阅读课程化设计的几点探究

名著阅读课程与课内阅读、写作、综合性学习等都是初中语文教学课程的重要组成部分，因此，名著阅读的课程化设计主要是指在语文日常教学计划中按照教材的名著安排，教师制定切实可行的课程方案，科学设计阅读目标、阅读规划、阅读任务、阅读评价与反馈等，以推动学生阅读的不断深入，促进学生阅读思维进阶式发展。

（一）重视阅读规划，助力阅读习惯的养成

名著的阅读要避免阅读时间及内容的模糊化、笼统化，这种模糊、笼统的名著阅读安排势必会降低学生的阅读效果。特别是在"双减"政策下，我们更需要引导学生能扎扎实实地进行有效阅读，培养良好的阅读习惯，因此帮助学生制定可行的阅读规划必不可少。

（二）立足核心素养，促进思维品质的发展

"思维能力"是语文学科核心素养中的重要内容，而阅读思维又是形成阅读能力至关重要的内核。因此此次探究立足核心素养，以阅读思维为抓手，初步构建思维进阶的课程化体系，提高学生的阅读能力，并助力阅读习惯的培养。

（三）聚焦阅读品质，落实阅读方法的运用

从统编教材名著导读的编写体例上说，名著导读的内容涉及阅读方法和阅读专题两个部分。阅读方法是阅读专题的支撑，阅读专题是对阅读方法的应用，因此，教师在名著教学活动中需重视引导学生对这些阅读方法的运用，以此助力学生阅读思维的发展。

（四）巧设阅读评价，检验阅读过程的效果

初中阶段学生接触的名著多数篇幅较长、年代久远、底蕴丰厚，除了教师必要的指导外，评价标准的制定和评价手段的实行都可以引导学生在阅读过程中随时对照自身的阅读习惯，反思自身的阅读收获，改进自身的阅读行为，从而落实名著阅读效果，并为名著阅读教学指明方向。

三、基于思维进阶的《儒林外史》阅读课程化设计

《儒林外史》被鲁迅先生称为中国古代最优秀的讽刺小说，其人物众多、情节庞杂，却没有贯穿始终的中心人物和主要情节。整部小说采用连环短篇连缀的结构方式，加之古白话文的表达与高超的讽刺手法，学生读起来很有难度。除此之外，陌生的历史背景更让学生的阅读难上加难。如此有难度，学生还要认真读，那么这部小说阅读的课程化设计就显得尤为重要。

（一）阅读方法和阅读思维并进，不断把阅读引向深入

《儒林外史》的阅读课程化设计首先从整本书阅读需要出发思考阅读阶段、阅读目标等，从整体到局部，阅读方法和阅读思维携手并进，阅读方法循环往复，阅读思维螺旋上升，以求引领学生阅读不断深入。课程化设计总体规划如下：

表4-7　课程化设计总体规划

阅读阶段	阅读目标	阅读方法	思维训练	阅读时间
第一遍整体通读	整体梳理小说结构、人物关系	跳读	提取、理解、整合	建议寒假
第二遍群文品读	掌握主要人物特点和主要故事情节理解小说主旨思想	圈画批注式阅读	理解、整合、分析、思辨	一个半月
第三遍重点研读	鉴赏小说讽刺手法，学习讽刺小说阅读方法	跳读+圈画批注式阅读	分析、思辨、评价、运用	半个月

《儒林外史》阅读课程化设计总体规划
总体目标：
1. 掌握主要人物特点和主要故事情节。
2. 理解小说主旨思想。
3. 鉴赏小说讽刺手法，学习讽刺小说阅读方法。
4. 训练整合、思辨、鉴赏等思维能力。

　　阅读方法来自教材要求，阅读思维是以布鲁姆认知领域目标为基础结合实际教学经验确定而成。这些都还需进一步研究，以便使之更加科学。

　　(二)阅读任务与阅读活动配合,不断把阅读引向精彩

　　"书读百遍其义自见",《儒林外史》的阅读分为三个阶段,实现至少三遍阅读,大大增加学生与书中文字见面的机会,有利于学生读懂书中内容。而且三个阶段的阅读都配有相应的任务,并根据学生的思维训练,辅以导读、研读、故事、辩论、表演等形式多样的阅读活动,通过线下线上混合式路径使得学生的阅读过程不仅有收获,还能有机会展示,并进一步形成阅读成果。以"第二遍群文精读"为例,思维训练:理解、整合、分析、思辨。

表 4-8　以"第二遍群文精读"为例

周数	回目	追踪任务(可任选其一)
第一周	阅读第一回至第五十五回	1. 为这两个章回出现的人物做"统计",包括姓名、年龄、家庭住址、兴趣爱好、经济状况等,形式自定,可增加自己感兴趣的项目,并试着写出统计结论(不少于100字) 2. 吴敬梓为什么要以王冕发端? 为什么要以四大市井奇人结尾? 把自己的想法写下来
	阅读第二回到第四回	1. 比较周进和范进两个人物形象有什么相同和不同之处? 试着结合小说中的细节具体谈 2. 关注这几个章回人物的"衣着"细节,写写你的发现,并试着做简单的分析
	阅读第四回至第六回	对比下列几组人物,结合书中的具体情节谈谈他们各自的性格特点及差别 严监生与严贡生、王夫人与赵氏、王德与王仁
	阅读第七回至第八回	1. 请结合第二回与第七回中对梅玖的描写,讨论梅玖的性格特征 2. 王慧是个怎样的人物? 可以结合具体情节写一写

续表

周数	回目	追踪任务(可任选其一)
第一周	阅读第九回至第十四回	1. 请在这几章回练习自己的圈画批注能力,特别是针对娄家二公子结交的那些朋友,写下对他们的印象和评价。我们将评选"最佳批注" 2. 如果娄家公子邀请你去参加莺脰湖宴会,你会去参加吗?可以找与你的朋友辩一辩
第二周	阅读第十五回至第二十回	1. 梳理匡超人前后变化的具体表现,画思维导图 2. 匡超人由勤勉孝顺到见利忘义、势利冷酷,其变化原因是什么?请写出你的点评分析,不少于100字(可从社会、朋友、自身等角度分析)
	阅读第二十一回至第二十四回	1. 为了证明"牛布衣"的真实身份,请你结合书中描述为他制作一份档案,以备存档,可包括姓名、年龄、祖籍、特长、结局、自画像等 2. 送走匡超人,又来个牛浦郎,这两个人物相比有什么相同点和不同点吗?请结合具体内容分析
	阅读第二十五至第二十八回	鲍廷玺从一出生就经历了诸多波折,请结合书中具体内容选择他人生几次重要的转折点,绘制出他的命运曲线图
第三周	阅读第二十九回至第三十一回	鲍廷玺虽是鲍文卿的养子,鲍文卿也对他疼爱有加,但是鲍廷玺终与鲍文卿不同,请结合具体情节说说二人的不同
	阅读第三十二回至第三十七回	1.《儒林外史》中带着作者的性格和经历塑造的一个人物是谁?家里最为这个人物着想的是谁?这个人物最崇拜谁 2. 杜少卿是如何一步一步把自己的家私花费光的?你如何看待杜少卿这种做法?我们该学习他这种"慷慨"吗 3. 漫画杜少卿和杜慎卿。试着用漫画的形式清晰表现二人在外形、性格,以及对待女性等方面的不同
第四周	阅读第三十八回至第五十四回	1. 这应该是本小说中故事最为丰富、精彩的几个章回了,既有孝子侠客的故事,又有英雄人物的故事,既有贞洁烈女的故事,又有才子佳人的故事……请你试着完整讲述最喜欢的一个故事 2. "故事拍卖会",将故事名字放进一个抽奖箱里,以小组为单位,抽取一个,合力展现它的精彩,然后小组派代表依次上台拍卖自己抽中的故事,拍得最高"喜欢值"的小组获胜

周数	回目	追踪任务(可任选其一)
第五周	阅读第五十六回 回读感兴趣的章回	1.第五十六回是否可以去掉？请大家帮助老师解决这个问题 2.电视台要以《儒林外史》为蓝本拍摄"人间大儒"的纪录片，主要涉及迟衡山、庄绍光、虞博士、杜少卿等人物，请你用"总评人物+人物事迹"的模式为其中一人写一段脚本

与"第二遍群文精读"相配合的阅读活动如下：

1.第二周帽子"秀"，即名著研读课，研读小说第二至四回的内容，抓住其中人物帽子的细节，借以了解周进和范进的人物特点和主要故事，理解当时的社会风貌和小说主旨思想。

2.第三周"超人""秀"，这是名著导读课，主要是以匡超人为例学习梳理小说人物的一些角度和方法，借以辅助学生自主整理小说中其他的主要人物和情节。

3.第四周线上人物"秀"，展示学生对小说中主要人物的整理成果，形成自创阅读资源。线下"儒林"人物"秀"，小组选择阅读任务中的一组人物，发挥集体智慧进行设计，力求生动、充分地展示二者的不同或相同。

4.第五周故事"秀"，即故事拍卖会，以活动课的形式熟悉后面十几回丰富精彩的人物和故事等。

这些活动都配有具体的设计方案，这里不再赘述。总而言之，阅读活动往往选取上周已完成的重要阅读内容，发挥查漏补缺、落实收获、激发成就感等作用。

(三)阅读评价与阅读支架并举，不断把阅读引向落实

《儒林外史》阅读的课程化设计，从第一遍整体通读到第三遍重点研读，都配有可行的评价方法，除了充分调动学生、小组、教师等不同主体外，还运用了打分、投票、展示等不同形式，而且评价表格融入评价标准更有助于训练学生的反思思维。

例如"第一遍整体通读"主要依托于学生自主阅读行为，因此阅读过程

以学生自评为主。评价表如下：

表 4-9　学生自我评价表（第一遍通读）

	阅读时间	阅读行为	阅读成果
5 颗星	能按计划坚持或自行安排按时或提前完成第一遍通读	阅读时较为专注，能够及时圈画批注，遇到不懂的，能自行查找资料，并及时记录下来	能概括阅读的主要内容，把握主要人物，理清主要人物关系，能以思维导图创造性地进行整部小说的梳理，有自己独特的想法和设计
4 颗星	能坚持每天阅读	阅读时较为专注，能够圈画批注，遇到不懂的，能查阅一定的资料，并及时记录下来	能了解阅读的主要内容，把握主要人物，能以思维导图完成地点梳理、人物归类、人物关系等其中两项
3 颗星	不能每天阅读，但是坚持阅读	阅读时较为专注，能够圈画、批注较少，遇到不懂的能及时记录下来	能了解阅读的主要内容，把握主要人物，能以思维导图完成地点梳理、人物归类、人物关系等其中一项
2 颗星	断断续续进行阅读	阅读时较为专注，但缺少圈画批注，不懂的先跳过去，留待以后解决	基本了解阅读内容，基本了解主要人物，能以简易的思维导图完成地点梳理、人物归类、人物关系等其中一项
不计星	基本没有阅读	粗略阅读，页数够即可	没有完成阅读任务
学生自评（各项可得几星）			
星级评定	共(	)颗星	

　　《儒林外史》不同层次的三遍阅读都配有学生自主阅读评价表，促使学生对照自身的阅读习惯，反思自身的阅读收获，从而不断改进自身的阅读行为。

　　"第一遍整体通读"还配有阅读成果小组评价表，主要是检验第一阶段的阅读成果，即以思维导图的形式从不同角度完成整部小说的梳理。评价表如下。

表4-10　思维导图小组评价标准

评比项目	标准内容
导图形式	整体布局合理,文字、线条、表格等比例恰当 颜色对比明显和谐 线条流畅,体现内容变化 中心主题明确,主题文字突出 文字书写工整简洁
导图内容	目标明确,要素完整,突出主题 层级科学,逻辑合理,分类标准统一 关键词提取精准、合理 内容充实、丰富,必要时使用关联、标注、画图等形式予以突出
导图表述	声音洪亮,体态自信,文明懂礼 语气适当,语流适中,情感表达适合 描述清晰,有条理,非常完整 能清楚地表达导图的形式与内容、构思与设想、反思与启示等 语言独具个人特色,具有一定的吸引力
小组投票	

　　评价表格的制定从另一个角度为学生的名著阅读提供了支架。其实,除了评价支架外,《儒林外史》阅读的课程化设计还为学生提供了多媒体支架、资料支架等。例如,第三遍重点研读,课程化设计中就提供了关于小说讽刺艺术的微课资源和相关研究的文章资源等,用以学生自学和拓展阅读。学生可以单独完成,也可以和小组一起来完成,以便为最后的专题"讽刺艺术"的研读构建一定的背景知识,进一步深入探究本部小说的艺术魅力。

　　面对名著阅读研究,我们需要保持冷静的头脑,不仅要追逐研究的热度,更应挖掘阅读的深度;不仅要追求研究的新度,更应落实阅读的效度;不仅要追寻研究的高度,更应探究如何让阅读更好地为学生的能力发展乃至终身成长奠基,从而实现阅读的温度。

第 ⑬ 篇　阅读, 无处不在

——基于微信公众号的课外阅读隐形课程的建设与思考

在"全民阅读"的引领下, 在部编本教材的助推下, 课外阅读受到越来越多为师者和研究者的关注。的确, 阅读是提升核心素养至关重要的手段, 但是它毕竟要经历快节奏的淘洗, 要在碎片化的生活中觅得一席之地。尽管, 我们大力倡导学生课外阅读, 但依然面临着严峻的形势, 这既是挑战, 也是机遇, 更引导着我们探索创设阅读氛围的新途径。

一、困境犹在, 引领阅读仍需面对

部编本教材每一篇课文有严格的课时要求, 一般为 2 课时到 3 课时, 再加上综合性学习课、习作课、名著导读课等。课上时间非常紧张, 如何分给课外阅读呢?

(一) 阅读时间不确定

有志于此的教师只能"节衣缩食"地压缩课上时间, 心里又一个疑问出现了, 学生该掌握的知识落实了吗? 学生的能力训练到位了吗? 这些直接影响着学生的阅读进程。在这样"纠结"的状态下, 教师对于课外阅读的落实和指导难免会流于表面。

(二) 阅读能力不确定

阅读时间缺乏保障, 主要来自学生阅读能力的参差不齐。在课业的重担下, 学生完成该有作业的时间都是"刻不容缓", 哪还有闲情逸致去阅读课文书籍呢。同时, 阅读能力的欠缺也为学生的阅读增加了障碍, 因此, 班级阅读常常参差不齐, 不能兼顾全体。

（三）阅读兴趣不确定

阅读兴趣容易在教师的硬性规定下消亡，而阅读更容易在教师的过分指导下失去味道。学生常常一开始热情，中期平平，结局清清，缺乏阅读的细致和探究，更不要说阅读的深度和广度了，这不得不说是学生阅读动力不足的表现。

二、困则思辨，隐形课程开辟新径

无论是哪种类型的阅读课程，其建设都离不开隐形课程的建设。"隐性课程是学校政策及课程计划中未明确规定的、非正式和无意识的学校学习经验"。隐形课程主要表现形式主要为观念性、物质性、制度性、心理性等，其中物质性隐形课程，是指一种环境的搭建，一种氛围的营造，一般情况下是指环境、布置、建设等。

当前，随着社会的飞速发展，人们的生活发生了很大的变化。追求极大便利性，是人们的普遍追求，而手机无疑是给我们带来极大便利的一大工具。让隐形课程的建设走出学校的框架，从具体实物的硬环境建设走向信息技术层面的软环境建设，手机占据了重要地位。

不少语文教师努力探寻阅读教学和信息技术手段不断融合的策略，主要体现在课堂教学现代化信息手段的运用上，吸引学生兴趣，打开学生的内在思维，提升课堂效率，积累了丰富的经验。课外阅读也可借力信息技术，为学生阅读提供更灵动的空间。

三、信息上线，阅读情况再换新颜

基于信息手段的课外阅读隐形课程，特别是与手机相关的信息手段，此课程主要有四个目标：督促与评测，展示与交流，打造多感官阅读体验，以此来落实学生的阅读效果，让学生体会阅读的成就感，同时打造全方位阅读平台，扩充学生阅读的参与面。

（一）督促与评测

要想实现这一目标，我们主要依托于两种手段：一是利用"乐教乐学"App，每天发布读书活动，要学生将读书照片和感受上传，老师可通过发放小红花的形式鼓励学生读书。

另一个手段就是利用微信公众号"优秀教师之家"里面的"阅读助手"，分为语文教师手机版和英语教师手机版，免费为教师提供了解学生阅读情况的途径，支持阅读纸质书籍。学生阅读每日记录一次，教师可在线实时掌握学生每日阅读情况。支持电脑版本，导出的分析数据更加全面。更神奇的是全校开通后，校长使用校长码就可全面掌握全校各班阅读情况。

（二）展示与交流

"阅读助手"上的"班级广场"就像学生展示阅读的竞技场，尊重个性，突出思想，相互碰撞，相互激发。

要说学生读书展示与交流更加充分的空间，那就是班级公众号了，它为学生提供了更加广泛的平台，班级读书活动，学生读书感受，促成了家校共同关注的隐形课程建设。无论是乐教乐学平台的使用，还是班级公众号的开发，抑或是班刊、校刊的创编等，家长都参与其中，保证学生阅读从校内到校外的延伸，保持学生阅读兴趣从校内到校外的维持，实现教师、家长、学生在阅读生态下的和谐共生，共发展。

（三）打造多感官阅读体验

著名语言学家皮亚杰曾经说过："语言是思维的载体。"为了更好地训练学生的阅读思维，教师可将班级公众号的建设与学校的"寻声朗读亭"结合在一起。让学生把读到的书借助朗读亭"说"出来，这正是阅读内化的一个过程。为了"说"好一本书，学生必须深入把握作者的思想情感；为了给同学们讲解一个有趣的文化点，学生必须查找大量的资料，练就整理归纳，提升总结的能力。面对家长和同学，甚至更多的听众，他们渴望自己的读书声被更多的人听到，渴望自己的独到见解被更多人欣赏，于是，公众号留言板，让学生互动起来，读书并不孤单，有很多人与你同行，从不同角度不同侧面肯定你的读书效果。学生读书的成就感被极大地唤起。

更为重要的是,这种形式的隐形课程,让阅读真正渗透到生活的闲隙时光,上学的路上,温馨的餐桌,学生和家长都可以让他发声,在优美音乐的渲染下,品味读书的另一番美感。说与读、评与讲,打造了可供学生选择的多维的阅读方式,丰富了学生的阅读认知,拉近学生阅读能力的差距,为进一步的纸质阅读提供助力和兴趣。

第14篇 指向学科能力的初中语文作业课程化设计

——以统编本九年级下册第二单元为例

作业是教师的名片,反映着教师的教学理念及专业水平。作业还可以成为教师提高学生学业成绩的落脚点,提升学生核心素养的关键点,培养学生良好学习品质和心理素质的着力点。特别是"双减"政策下,我们更需要高质量的作业设计。

一、观语文作业设计之现状

"双减"政策下,作业设计一下子被推到教育教学改革的最前沿。越来越多的教师锁定作业设计,以求实现教学效果最大化,从而达到减负增质的目的。纵观当前的初中语文作业设计,一些问题依然困扰着我们。

(一)作业设计随意性较大

大多数教师在设计作业时更多的是依据自身的经验甚至感觉给学生布置作业,也许会考虑学生的需要,但并非没有对学生的学习情况、实际需要进行前期的调查和研究,也没有进行随时的思考和反馈,结果造成作业设计的随意性,更谈不上整体性、序列性。这种随意布置的作业形式单一,缺乏趣味性,比如机械性地记忆、抄写、背诵或练习等,不符合学生的天性。

(二)作业设计缺乏个性

在很多情况下,教师在设计作业的时候,仅围绕着教学内容,而非从学生的个性发展或兴趣特长的培养出发,更不曾考虑学力不同的学生在完成作业上的差异,实行"一刀切"。这样的作业白白浪费了学生的时间和机会,没能起到相应的作用。

(三)作业时间评估不足

作业时间是教师进行作业设计必须考虑的要素之一。但是在实际情况中,教师往往倾向于以学业成绩较好的学生的要求为标准来要求全体学生,而对其他层次的学生的作业完成时间评估不足。同时,教师还会忽略学生完成作业遇到困难时查阅资料、向他人求助所花的时间,以及学生参与课外其他活动的时间等。

(四)作业功能指向单一

作者设计或是依附于课堂教学的情况,强调对课堂教学知识与技能的巩固;或是与课堂教学毫无关系,成为"应试操练工具"。因此,作业在大多数情况下,要不成为游离于课程标准和教学的"独立存在",要不成为"教学附庸",要不成为知识与技能的机械操练,从而忽视了作业对于学生的自主学习能力、学习习惯与方法、学习元认知、时间管理能力、创新实践能力,以及责任意志品质等方面的功能。

长此以往,作业还会是学生学习生涯中不愿面对的"负担",甚至会给他们造成或大或小的危害。

二、思语文作业设计之方向

如何突破作业设计的桎梏,切实提升作业质量,减轻学生负担,我们可以从以下几个方面进行思考。

（一）作业设计需要调查研究

学生的学习情况在不断变化，作业的兴趣及完成作业的能力也在不断变化，且学生个体不同，对作业自然有个性化的需求。因此，教师的作业要科学合理，应从学生的实际需要出发，服务学生个性化发展。当然，教师在日常教学中与学生的互动可以为教师提供一定经验，但是多是主观的，我们还需一些客观的支撑，例如问卷调查、文本分析等。教研组或者备课组围绕作业相关情况对学生进行问卷调查，并抽取作业的文本样本进行研究，最后做调查分析，这样就为作业设计提供了更加科学、精准的依据。

（二）作业设计需要课程化思路

为了降低作业设计的随意性，首先我们可以遵循科学的研究范式，进行系统化的研究。接着就是对作业进行课程化设计，即重视作业在语文学习中的作用，使作业作为语文课程的一个重要环节，按照语文教学目标及课时设计，配套选择或设计不同层次的服务于学生个性的作业体系，如王月芬老师在《重构作业——课程视域下的单元作业》中强调在科学的研究范式下，建立具有"目标导向、系统设计、诊断反馈、动态生成、体现个性"等特征的课程视域作业。

不同层次的学生都需要训练语文学科能力，但是就目前的分层作业而言，更多的是能力间的层次划分，这势必会造成学生之间能力的进一步分化，因此课程化的作业设计更提倡能力点内部的分层及个性化选择。

（三）作业设计应关注更多功能

作业的设计不仅具有巩固知识的功能，更应具备提升学生能力的功能，甚至具有提升学生责任感、意志品质等功能。袁东波老师主编《核心素养导向的作业与命题设计》中就认为在作业设计的过程中，教师不仅要注重对学生处理信息、分析问题和解决问题能力的培养，而且要体现发展学生健全人格、培育学生人文素养的内容。例如，教师在作业设计时巧妙地与时代结合，培养学生的爱国之心和强国之志，又如自助餐式的作业设计，教师可以让学生自己选择适合的作业，引领学生进行个性化学习、分步学习，以便发展并培养学生的自主学习能力。

学生的自主学习能力以自主学习动力为源泉,因此,教师需要考量不同学生的作业完成能力,设计出程度各异的作业或是兼顾整体水平的作业,以保证学生不会对作业产生畏难情绪,从而保持充分的自主学习动力。

(四)作业设计需要形式多样化

正如上文所说,作业的功能应被充分挖掘,这就需要形式多样的作业设计,激发学生的作业兴趣,培养学生各种能力。我们正在努力摆脱传统家庭作业种类单一、形式和内容陈旧的问题,精心筛选、甄别、设计,作业完成要求可以是独立个体,也可以是合作群体;作业形式要求可以是书面,也可以是口头;作业内容要求不但侧重综合性,还突出实践性、合作性、创新性、思辨性等,让学生带着挑战做作业,带着兴趣做作业。教师实现了作业形式的多样化,才能开阔学生的眼界,锻炼学生的思维,从而培养学生的各种能力。

三、观语文作业设计之实例
——以九年级下册第二单元为例

(一)课程化与学科能力

"课程化"指明路径,"学科能力"提供依据。《重构作业——课程视域下的单元作业》中指出课程视域更强调从目标、内容、实施、评价到管理等一系列环节的动态的、生成性的循环系统,更凸显个性化、针对性。本文所述"课程视域"包含两个维度,一是研究范式,二是研究内容。所谓"课程视域"首先从研究范式的角度入手,建立科学的研究范式,即从调查研究、查找问题、研讨解决、系统设计、测评反馈、动态调整等形成系统化的研究体系,发挥课程研究范式的优势。就研究内容而言,作业也是进行课程化设计,从教材整体到单元整体,特别是从单元整体出发,研究语文教学目标体系、语文学习能力体系,再以课时设计为依托进行作业的分割、选择、设计,辅以知识的巩固和能力的提升,形成螺旋上升的作业体系,从而逐步保证教学目标的实现与落实。如下图：

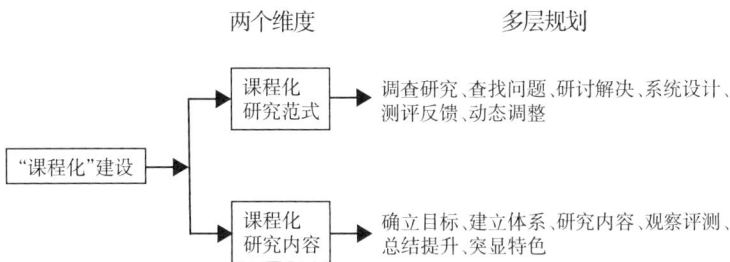

图 4-2 "课程化"建设

而学科能力和素养成为国外和国内基础教育领域共同关注的热点。核心素养是学生在接受相应学段的教育过程中,逐步形成的适应个人终身发展和社会发展需要的必备品格与关键能力。那么,学科能力既是核心素养的重要组成部分,又是形成核心素养的关键钥匙。

学科能力是一个复杂系统,关于它的任何认识或研究都只是在这个复杂的系统内基于某种特定角度的有限探索。本文是基于学习理解、应用实践和迁移创新的学科能力,探索学生在语文学科学习过程中所表现出来的具体能力,并建立作业设计中的知识经验与能力的联系,从而形成服务于学科能力的作业体系。语文学科能力如下：

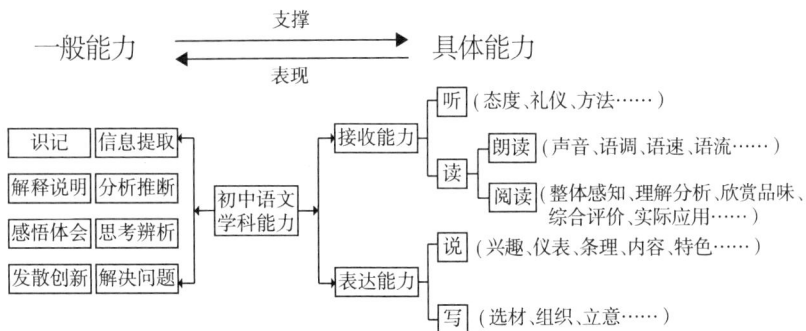

图 4-3 初中语文学科能力

(二)实例解析与作业设计

统编本九年级下册第二单元是初中阶段的第二个小说单元。该单元围绕人文主题"人生百态"选取了《孔乙己》《变色龙》《溜索》《蒲柳人家》四篇小说。《孔乙己》和《变色龙》作为教读课,前者塑造了孔乙己的"苦人"形象,揭露了科举制度的弊端以及国民的劣根性;后者是讽刺小说,通过警官奥楚蔑洛夫对一条狗的几次的态度变化,活画出一个欺下媚上、趋炎附势的小官僚形象。《溜索》和《蒲柳人家》作为自读课文,前者生动再现了高山深涧中马帮首领等人强悍勇猛的形象,后者通过叙写几户普通贫苦农家的故事,表现了京东地区北运河边农民的独特风貌,描绘出一幅多彩的人生百态图。

本单元的学习内容和学习策略是对九年级上册第四单元的延续,主要在梳理故事情节、分析人物形象的基础上,学习如何表达自己对作品的内容、主题的看法,以及如何理解小说的社会意义。由此,确定本单元整体教学设计的主题为"丰富小说天地,综观人生百态"。

1.相关能力点

(1)情节梳理(整体感知)

初读课文整体把握故事内容,回顾阅读小说的方法,梳理故事情节。

表4-11　梳理故事情节

情节梳理方法	具体操作
根据结构来梳理	先给小说各段标上序号,然后按照情节的开端、发展、高潮和结局切分文章层次梳理情节
根据场面来梳理	先找出小说中的不同场面,场面就是不同时间下人物活动的场所,然后再概括本场面发生的故事。一般而言,一个场面可以梳理为一个情节
根据线索来梳理	先找出贯串整个作品情节发展的脉络,它可以是某人、某物、某种情感、某个事件,还可以是时间、空间,这即为线索。然后抓住线索梳理小说故事情节

表 4-12　评价参考量表

维度	要求	赋值
情节梳理	阅读迅速,筛选有效	
	情节完整,条例清晰	
	语言生动,仪态大方	
	方法恰当,形式新颖	

（2）赏析语言品人物（理解分析、欣赏品味）

运用九年级上册第四单元习得的小说的知识和方法,从人物刻画、情节推进和环境描写等角度分析人物形象。

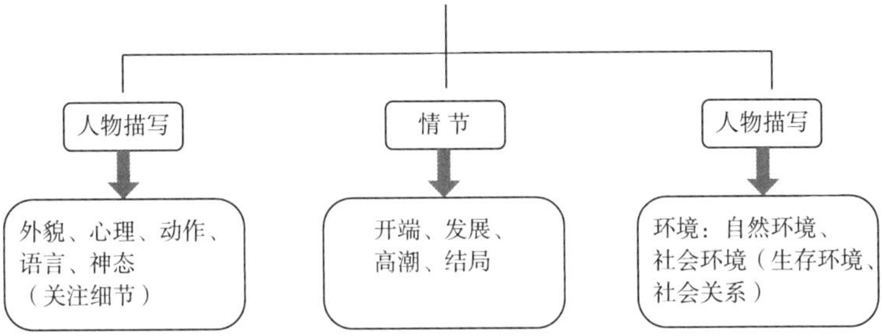

图 4-4　分析人物形象

表 4-13　评价参考量表

维度	要求	赋值
赏析语言品人物	阅读迅速,提取有效	
	发现丰富,内容准确	
	语言生动,分析深刻	
	情感共鸣,个性思考	

（3）理辨主题表看法（形成解释）

在探讨小说主题的基础上,学生加深对小说通过塑造人物反映社会问题的理解,并综合所学的小说的知识和方法,将对课文人物、情节和主题的理解表达出来。

表4-14　小说主题个性、主题共性与具体操作

篇目	主题个性	主题共性	具体操作
《孔乙己》			
《变色龙》			拓展阅读
《溜索》			比较阅读
《蒲柳人家》			表达活动

表4-15　口头表达评价参考量表

评价要点	赋值
逻辑清晰,言简意赅,论点明晰,分析透彻	
论据内容丰富,引用资料充分、恰当、准确	
分析的角度和层次具有说服力和逻辑性	
语言表达流畅且有文采	

表4-16　书面表达评价参考量表

评价标准	赋值
立意明确,富有创意	
中心突出,详略得当	
材料典型,想象合理	
结构完整,条理清晰	
语言生动,书写规范	

(4)理解小说不同的语言特点(欣赏品味、综合评价)

表4-17　不同小说的语言特点

篇目	语言特点
《孔乙己》	老辣深刻
《变色龙》	讽刺小说(夸张、对比)
《溜索》	继承中国古代笔记小说的传统,在语言上善用白描手法,简洁明快,干净洗练,有中国古典小说的凝练含蓄之美
《蒲柳人家》	借鉴和继承中国古典小说和民间说唱艺术的表现手法,善于设置悬念,还善于用外号的形式概括人物性格。语言上既有口语的生动活泼、准确传神,同时继承了说唱文学语言押韵和爽脆的特点

2. 单元作业整体设计

表 4-18　九年级第二单元阅读教学整体设计

课时	主要教学内容	作业设计
第1课时	自读四篇课文,解决字词问题	按照字体结构、词语结构、感情色彩,或者自己的发现或兴趣,对本单元词语进行分类整理
第2课时	再读四篇课文,初步批注,提出问题	1.请用本单元的易错字试着写一段话。(教师通过作业总结学生容易写错的词语) 2.运用以往学习的方法,从本单元的四篇小说中任选一篇概括情节
第3课时	1.学生介绍概括小说的方法,教师总结 2.完成四篇小说的情节概括	利用手中的练习继续训练小说情节的概括,篇数自定
第4课时 第5课时	1.在教师的引导下,学生分析"孔乙己"这一形象,试着评价,加深对小说人物形象的理解 2.学生用学到的方法、思路分析《孔乙己》中其他的个体形象或群体形象	阅读《白光》,试着与孔乙己进行比较,简要分析其相同点和不同点
第6课时	1.学生自主从《变色龙》中任选一个人物设计人物卡,并撰写人物简介 2.学生展示交流	从《溜索》中选择一个人物形象,为其设计人物卡片
第7课时	1.展示交流《变色龙》《溜索》两课的人物卡片,选取优秀作品课后展示在班级公众号上 2.在教师的引导下,学生分析《溜索》中最妙及最让人意想不到的旁批	1.为《蒲柳人家》增加旁批 2.选取《蒲柳人家》中的一个片段,排演小剧,要求必须有解释小说主旨的旁白,时间为一周
第8课时	1.合作探究四篇小说的语言特色,以及主题的个性和共性 2.辩论"时代造就人,还是人造就时代",请以四篇课文及生活体验为依据,提出论点,清晰论证。"	1.将课上辩论感受写成小文,不少于200字 2.继续准备《蒲柳人家》小剧排练

　　高质量的作业设计有助于教师发现学生存在的学习问题,有助于提高学生的学业成绩,有助于提升学生的学习能力,更有助于学生正确情感、态

度、价值观的形成，高质量的作业设计还有助于良好家庭氛围的共建，也会促进师生关系的良好发展……特别是在"双减"政策下，作业负担要求"轻"，作业设计要求"精"，作业效果要求"实"，其对教师专业发展和学生健康成长又具有重大意义，因此，这小小的作业，还需我们付出大大的努力去探索，去研究。我们任重而道远。

第三节　巧用信息技术，为阅读"添色"

第❶篇　初中语文阅读网络协作学习初探

"协作学习"这种教学理论与策略于 20 世纪 70 年代初兴起于美国，在 20 世纪 80 年代后得到蓬勃发展。就我国而言，以小组合作为依托的协作学习已经成为当前语文课堂教学的主要模式，这种模式能改善课堂氛围，体现学生主体地位，调动学生个性思维，并能使学生得到人际交往的训练，情感态度的体验，因此被广大师生欣然接纳。然而，随着学生年龄增长，学习难度加大，学生层次化越来越明显，学习的渴望与畏难情绪对峙日益强烈，这种情况下以小组合作为依托的协作学习如何发挥更大功用呢？笔者和学生们利用网络拓宽了协作学习的范围，延展了协作学习的手段，取得了一些收获和反思。

一、初中语文阅读教学的几种矛盾境遇

奋斗在一线的语文教师在教学中不断追寻着课堂效率的提升，同时也不断地在几种境遇中纠结，只有破除这几种境遇，语文教学方能呈现一片繁花似锦的景象，作为语文教学重要内容的阅读教学亦是如此。

（一）教学面向全体与学生个体发展的矛盾

教师教学是面向全体学生的行为，而课堂效率要求的却是学生个体的发展。教师必须在这全体与个体之间进行反复思量，科学设计，教学的层次

性便应运而生。即便如此，我们也在当堂测验中发现，基础字词还好说，特别是阅读理解和感悟方面的内容，学习能力较弱的学生依然在会与不会之间徘徊，阅读教学中反复强调的该篇文本的写作手法、思想情感等，依然被个别学生自动屏蔽，课堂依然是一些优秀学生的"秀场"，只是展示的人比传统课堂多了一些。每当看到学生迷茫的眼神和紧锁的眉头，即使是少之再少，教师依然会在心里自责，"困难生"的排行榜上也有自己助推的功绩吧。

（二）学生思辨性发展与教学注重标准化的矛盾

走过小学，来到中学，笔者发现初中语文教学特别注重标准的给予，目的是学生能在考试中准确答出得分点。面对阅读理解不易得分的现象，教师更是关注对学生答题思路的引领，不自觉地在学生中间寻找标准答案。然而，初中阶段的学生正是自我意识明显增强的时期，他们的思维发展更倾向于批判，寻找不同，他们更乐于发表独特的见解。教师的教学进度也常常被学生这种思辨性所连累，因此屡番制止，强调标准之重要，学生们见"标准答案"不易得，便日渐低头不语。课上即使小组交流，也是几个教师"心腹"的天下，其他学生"敢怒而不敢言"。

（三）教师评价方式与学生心理需求的矛盾

初中的阅读课堂主要是以教师的激励性评价为主，例如"好""不错""你很会读书""你阅读思维很敏锐"等，小组合作也多采用答题积分这种形式来显示协作的效果，即使在小组合作中，教师会点评合作的状态，学生也会点评他人的发言，但在教学中所占比重甚少。学生更多的是从教师那里获得情感的肯定与认可，然而，心理学研究表明，初中阶段的学生更加看重的是同伴关系，他们更渴望的是得到同龄人的认可和接纳，同时，对于自认为成熟的中学生而言，教师不当的言语评价，会被认为是"别有用心"，或是"敷衍了事"，他们更需要的是在交流活动中获得行为、态度、情感等方面的支持。

二、初中语文阅读网络协作学习的尝试

信息化技术充斥着人们的生活，网络平台更因其独特魅力成为人们交流的主要方式。初中生由于年龄特点和心理发展的需要更喜欢网络的虚拟性及隐蔽性为他们带来的保护。而一些常用的网络平台，如博客、微信、QQ、钉钉等也为大家提供了更加灵活与开放的交流平台。教师可引导学生进行阅读协作学习，从而更有效地关注学生的个体化思想，促进学生的阅读思维，拓宽学生的阅读范围，提升学生的思辨效果，使学生不同层次的学习需求得到有效的落实。我们在阅读课外网络协作学习方面进行了如下的尝试。

（一）课前预习的"研修所"

教师引导学生在"组内异质，组间同质"的基础上产生语文学习共同体，兼顾不同层次的学生及男女性别的搭配。学习共同体可在博客、微信、QQ、钉钉等网络平台上发起讨论，进行课前预习交流，核对预习内容，进行答疑解难，初步筛选自读文本后产生的疑问，留下真正有价值的问题。教师通过观察学生在网络平台中的讨论，准确把握学情、教学重难点的设计与突破，有的放矢。以季羡林《我的童年》为例，学生在课前预习交流中主要探讨如下问题：

1. 我想提醒大家注意的字音字形：

2. 我认为值得大家积累的词语：

3. 理清文章结构，我的想法是：

4. 我找到了可以总领全文且意味深长的一句话：

5. 我的问题是：

在学生之后的网络协作中，笔者发现学生对文本的质疑很有意思，例如"为什么作者的童年是一片灰黄，而不是灰黑？""红高粱饼子是什么颜色？""为什么文章中总提到'吃'？""为什么季羡林老先生宁愿啃红高粱饼子就苦咸菜？"教师不必再为教学设计是否真的与学情贴近而苦恼，这些问题正

好为该篇阅读教学提供了切入点，以此形成的教学设计绝对是富有个性、与众不同的。笔者选择的是"为什么作者的童年是一片灰黄作为教学的重点问题，为什么文章中总提到'吃'"作为教学的难点问题，并以此为联动点拓展课外阅读。上课效果非常好，听课教师都为学生较强的预习能力而赞叹。在网络平台上进行课前预习的协作学习，学生不用再"埋头苦读"，而进行发现思维的碰撞，对于预习方法和内容取向更是在协作中有了深刻的了解和把握，有效提高了学生的预习效率。

（二）语文阅读的"资源库"

现代信息技术打造了很多资源平台，如 Symbaloo 工具拥有十分强大的数据库，能为一系列专业课题提供大量的参考资料；RSS 软件能对浩瀚的网络资源进行分类整理，同时还能轻松快捷地对相关资料进行相应的转化等，但是这些资源库的引入都需要花费大量的精力，一线教师和学生们很少有这个时间去学习。不过，我们教师可以在通用的网络平台建立自己的资源库，例如 QQ 班级群空间是我们目前阶段主要使用的"自制资源平台"，阅读的链接资料、教学课件、语文知识小报、语文阅读专项总结、拓展阅读篇目等，我们都上传至 QQ 群中。同时，学生也可利用教师上传的课外资料进行探究式阅读的协作学习，例如，我们在阅读《城南旧事》时，笔者就把该书的一些书评及文学探究类文章上传至群空间，让学生认真阅读，并探究该书中"离别"的味道。随后，学生们不断在群里发表自己的阅读感悟，阅读思维得到激发。通过一周的网络协作阅读，学生不仅对该书有了更深刻的体会，还对中国文学中的"离别"主题有了进一步的了解。QQ 群空间的资源库，教师建立方便，学生使用及时应手，学生接触、感悟到更多优美的语言文字，为学生的厚积薄发进行更充分的储备。

（三）阅读互助的"操练场"

QQ 群在 2015 年推出了作业布置的功能，这非常适合教师，而且 QQ 群中根据不同版本的教材准备了丰富的作业资源库，教师可以自己出题，也可以从资源库中选题。更为重要的是它能及时反馈学生完成作业的正确率，用数据说明学生在作业相关知识中的薄弱点，教师可进行针对性的辅导。学习共同体还可以利用该项功能协作设计阅读检测作业，教师确定主题，学生分工明确。有一次，我们就将阅读小测的形式由教师出题转变为学生共同体相互检测，学生利用 QQ 群里新增的布置作业的功能提前在网上完成了阅读互测。结果在第二天的阅读小测中，全对的学生达到半数以上，一家长告诉我，孩子小测从未全对过，这珍贵的一次被孩子压在桌子玻璃板下珍藏，用来勉励自己。

（四）读写结合的"创作场"

读写结合成为阅读教学中必不可少的内容。但面对写作，学生容易产生抵触情绪，教师需要不断变化写作的形式或内容，激发学生写作的兴趣，循环日记、班级日志、共同作文都是学生乐于接受的形式。如果写得好能在班级博客、微博或班级公众号中展示，学生更有创作的动力，还可以直接在各种平台中体会循环创作的乐趣。例如，我们在学完《谈生命》后，学生参考这篇文章中比喻的方式也来"谈学习"，原本笔者认为这是他们不大喜欢的话题，学生不会有太多兴趣，可是当微博中有同学写下"学习像什么"时，越来越多的同学发表自己的观点，其中不乏妙语连珠、神奇的想象、振聋发聩的语言。读着学生的创作，笔者仿佛在名家名篇中流连。与学生访谈得知，学生更喜欢这种网络协作方式进行读写结合，因为可以看到别的同学的创作，受到激发和启示，更有"坦诚相待"的乐趣，他们当然"乐死不疲"。

目前，学有余力的同学还学着用各种软件编辑音频资料或视频资料，例如，我们一些古诗文的学习，背景资料或作家风格等，学生都可以用来制作成小的音频或视频，利用网络平台提前发给学生们学习。阅读学习形式不断创新，都在激发着学生的阅读兴趣，提高着学生的阅读效率。

三、初中语文阅读网络协作学习的思考

当然，阅读的网络协作学习也在实践中遇到了一些挑战，引发了我们的一些思考。

（一）学习时间更需要合理分配

学生在课后需要花费一定时间查阅阅读资料，或交流阅读问题，或完成协作任务，这势必会占用学生学习其他科目的时间。这就需要学生提高各科的学习效率，提高统筹安排的能力，从而做到科学地分配学习时间。

（二）网络协作学习更需要学生的自主性

课外网络协作，学生的学习更主要依靠其自主性，每个学生都能主动自觉地参与。协作小组在教师的指导下承担不同的任务，每个学生又能各尽其职地完成任务。然而，正因为学生对网络学习的形式很感兴趣，所以也就无法避免学生借此之由上网"开小差"的情况。

（三）网络协作学习更需要家长的配合

网络协作学习更需要家长的配合，在学生的学习过程中扮演积极的参与角色，从而发挥监管、督促、鼓励的作用。然而一些家长对学生使用电脑、手机等多媒体设备参与学习存在疑虑甚至抵触，转变家长观念，得到家长的理解与支持也是开展"网络协作学习"面临的挑战。

在信息技术飞速发展的今天，网络平台已经进入学生的学习视野，并势必会成为学生学习的主要方式和手段。为了更好地发挥网络平台的作用，协作学习模式的引入和创建是非常必要的。虽然面临挑战，但我们仍需在这方面进行不断地研究和探索，使其开拓语文教学的思路，丰富语文教学的研究，在语文教学效率的提升上贡献应有的力量。

第02篇　线上名著"伴读"策略浅探
——以《鲁滨逊漂流记》为例

学生自主阅读名著是名著阅读的重要组成部分，如何实现自主阅读过程中的有效指导？线上组织"名著伴读"活动是理想的策略之一。

线上组织"名著伴读"活动也需符合本年级学生心理认知特点，活动设计紧紧围绕名著内容，面向全体学生。除此之外，线上组织的"名著伴读"活动也具有一些特性，线上活动在考虑阅读能力之外，主要考虑学生的信息技术水平来进行层次性设计，运用的手段主要是对线上手段进行甄别，倾向于日常化手段的运用，既要方便操作又要体现多样性，活动形式更加丰富、灵活，聚焦阅读过程的各个阶段，活动因其展示的无边界性更需要科学设计、及时评价、严格把关等。

一、线上助力，师生共读，激发"读"的兴趣

关于疫情"停课不停学"阶段名著线上教学情况，我们曾对本区域的学生做过一个问卷调查。问卷中设计了这样一个问题："你是否喜欢老师陪着你共读一本名著？"从调查结果来看，90%以上的学生喜欢老师和他们共读一本书。尊重学生的喜好，定会成为名著教学的助力。

教师担任学生阅读过程的陪伴者，既能"共情"，又能"引领"，这有助于学生维持稳定的阅读行为与持续的阅读过程，有助于学生依托师生交流产生强烈的获得感，进而转化为阅读动机，形成阅读过程的良性循环。

教师读学生所读之书，能更加清晰地把握所读书籍的主要内容、细节难点，准确地发掘书中独特的思考点、研究点，不至于落入人云亦云的俗套，反而能更加轻松地点燃学生的阅读热情，以《鲁滨逊漂流记》为例。笔者先与学生分享了一张自己制作的图书海报，背景是从网上找到的《鲁滨逊漂流记》这本书的封皮，标题是："幸，与不幸，这是个问题。"下面配了一小段文字："鲁滨逊虽遭遇海难，但他毕竟活下来了；他虽流落荒岛，但那里毕竟物产丰富，没有野兽，还有船上的物资；后来他虽遇到野人，但终没有落入野人之手……这难道不是他的'幸运'吗？有了这些'幸运'，他还是文学史上的那个'硬汉'吗？"这是我再读这本书时曾有过的疑惑和思考，与常见的"鲁滨逊"这一文学形象的定位大相径庭，这种"反差"势必激起学生的阅读兴趣。更为重要的是这一疑惑与思考能把学生对于"鲁滨逊"的认识进一步

引向丰富和深入,稍后文中会对这一点进行具体介绍。

二、线上检测,跟踪竞答,扎实"读"的过程

"扎实"的基础是不断重读,学生在阅读过程中不断反应、回顾,自觉与作者对话是实现扎实的关键策略,教师组织学生参与问答活动,本质上是教师在引导学生成为主动的阅读者。

教师与学生共读一本书,就可以适时从书中挑选出一些信息,考考学生,利用问卷星等小平台,用上几分钟的时间,既可作为课前放松的环节,也可增加学生对所读书籍细节的关注。当然,我们不赞成仅是"简单的"知识确认性考查,也不赞成琐碎的毫无意义的提问,跟踪竞答的设计应有助于学生在读的过程中对应关注的细节进行回顾,对书中内容进行不断地重温,并激发学生的思考,形成自己的观点和判断。

在我们一起阅读《鲁滨逊漂流记》,笔者编写小竞答题,分三期检验学生读书的认真程度,其中包括了对主要情节的复述,对主要人物的评价,对一些细节的回顾等。例如在最后一期检测到:鲁滨逊已经离开英国多少年?学生们都对"鲁滨逊在荒岛生活了多少年"这一问题非常熟悉,但忽略了他离开英国的时间。于是学生犹豫了,他们再次回顾鲁滨逊的出海冒险史。这个时间差让学生更加清晰地感受到"冒险"对于鲁滨逊的意义。鲁滨逊流落荒岛,看似偶然,却也是一种必然,是他热爱"冒险"所付出的"代价"。不管鲁滨逊出海冒险遭遇了多少危险,不管他当时多么的懊悔,这也只不过是他冒险生涯中的一些"插曲",更为他的冒险平添了一些"筹码"。这样把"冒险"当梦想,并在其中不断实现自我价值的鲁滨逊,更令人肃然起敬。

三、线上展示,任务驱动,彰显"读"的精彩

不少教师喜欢一本书以一种阅读成果来展示,笔者认为不妨灵活处之,扎根于书中各部分内容,有针对性地安排阅读任务,进行任务驱动。这样既

降低了学生上网借鉴的可能性,又可引导学生的阅读走向深入。名著阅读的任务功能一般包括帮助学生通读梳理和研读发现两类,这部分先介绍通读梳理的任务安排,下部分将介绍研读发现的任务设计。以《鲁滨逊漂流记》最主要的三方面内容为例。

表 4-19 《鲁滨逊漂流记》读书任务

书中内容	阅读任务	能力训练
鲁滨逊出海冒险经历	利用手中玩偶,拍摄玩偶剧	概括能力、表达能力
鲁滨逊荒岛生活	1. 绘制鲁滨逊心情的"心跳图" 2. 绘制思维导图,列举鲁滨逊遇到的困难,及其解决的方法	提取信息能力
鲁滨逊营救"星期五"	设计制作"阅读手账"	提取信息能力、概括能力
……		

值得一提的是,我们在阅读《鲁宾逊漂流记》时对思维导图的研究也更加细致了。教师引导学生绘制思维导图,关注其形式的较多,如线段图、气泡图、括号图、表格图等。殊不知,思维导图的内容也大有文章,例如,针对《鲁滨逊漂流记》学生绘制了情节串联图、心情变化图,除此之外,思维导图从内容的角度还可以包括人物关系图、方位地点图、内容逻辑图等。

总而言之,阅读任务应从阅读内容出发进行设计,不仅是形式的指导,阅读任务应与阅读过程的相结合,落实学生每一阶段的阅读效果。教师再利用微信公众号、钉钉班级圈等平台对学生作品进行展示和点评,学生的阅读过程就获得了陪伴性的指导。学生作品的线上展示,也可以形成名著阅读的自制资源库,学生随时阅览观看,并及时留言交流,这样的资源库更能吸引学生的目光,激发他们探究的兴趣。

四、线上论辩,研究阅读,体现"读"的思考

叶圣陶先生认为:"无论阅读何种书籍,要把应当记忆的记忆起来,把应当体会的体会出来,把应当研究的研究出来,总得认清几个问题——也可

以叫做题目。"可见对于中学生而言,开展研究性阅读是必要的,一是可以为他们的阅读增加一些动力,二是可以引导学生突破阅读中的盲点,三是可以补充学生阅读过程中思维不足,四是可以帮助学生实现精神成长。

例如,我们刚开始读《鲁滨逊漂流记》时的那张海报:"幸,与不幸,这是个问题。"这个问题从打破固有认知的角度激发了学生对这本书的新奇感及挑战欲,进而增加了阅读动力。这个问题值得学生线上辩论一番,虽然有了屏幕的阻隔,但学生之间的交流更加放得开。发言、语音、文字等各种信息同步上线,形成信息风暴,刺激学生看、听、说、思等多重感官同时作业,促进学生语文思维的发展,有部分学生认为鲁滨逊还是有偶然运气的,多数学生认为鲁滨逊的最大的幸运是能从绝境中发现积极的因素,保持一颗乐观的心态,体现了他的坚韧、勇敢、智慧。那么,笔者进一步追问,如果你是鲁滨逊,有这些"幸运"加身,你能在荒岛生存下去吗?学生静默了。再次认真品味鲁滨逊荒岛生存的片段,学生对鲁滨逊这一形象的认知更加透彻了,他不仅勇敢,还有超强的判断力和行动力;他不仅有智慧,还有超强的体力及丰富的科学文化知识;他不仅坚韧,更有稳健的心理素质,并确立了坚定的信仰。正如余党绪老师所说,鲁滨逊能生存下来靠的是"综合素质"。

写篇小论文使研究性阅读更为直观体现,以《鲁滨逊漂流记》为例,可设置论题如下:

一是鲁滨逊没有听从父母的劝告留在家里享受富足安逸的生活,而是选择去海上冒险,如果是你,面对自己的理想,你是选择安逸于现状,还是踏上征途?

二是鲁滨逊在荒岛上生存了 28 年,那么长时间,你觉得是什么对他的生命起了重大作用?你的启示是什么?

三是船上只有食物、武器、《圣经》三种物品,你只能留下一种,你将如何选择?《圣经》对鲁滨逊到底意味着什么?

第 1 小题补充学生对"冒险"主题的认识和思考,这本书中的"冒险"并不只是"冒险"本身,而是一种理想,一种热爱。学生思考如何面对理想可以帮助他们实现精神成长。同样第 2 小题让鲁滨逊这一文学形象在学生心中更加丰满和清晰，第3小题直指学生阅读中的盲点"信仰"问题。当然对于七年级而言，小论文的规范与要求不必太严格，只要学生能阐明自己的观点，然后从书中找到依据，再联系自身生活进行清晰地表达即可。学生写出来了，更要让学生讲出来，利用钉钉、腾讯等线上平台开展一次"空中小论坛"，让学生担当"主播"，分享交流自己的研究成果。这样学生的阅读思维锻炼得更加充分，同时可以起到示范作用，发挥联动效应。

上文说到，教师要陪伴学生一起读书，这样才能生成有针对性、有价值的研究论题，同时也可避免"萝卜白菜"类的题目，减少学生"拿来主义"的可能。学生面对有兴趣的论题，才能踏实阅读，发展思维，收获成长。

综上所述，线上名著"伴读"有利于激发阅读兴趣，有利于扎实阅读过程，有利于构建名著阅读的资源库，便于学生时时处处进行阅读的补给，有利于突破时间和空间的限制实现随时随地的交流，及时记录学生的阅读过程和研究成果等。这些特点使得线上"名著伴读"活动成为线下名著阅读教学强有力的辅助。名著阅读教学如能实现线上、线下"两条腿"走路，定能行稳致远，这值得我们继续研究下去。

第03篇 基于混合式学习的名著伴读策略初探
——以《西游记》为例

一场突如其来的疫情让我们每个教育者体验着教学模式的突破性变化，感受着线上教学的便利，特别是名著阅读，突破了时间和空间的限制，创建了丰富的阅读资源，推动了形式丰富的线上活动。重新回归课堂教学，名著阅读却依然面临着如何落实、如何深入的难题。为了保留线上名著阅读的优势，提升线下名著阅读的效果，我们中心初中语文名著研究小组以实际调查为依据，以现存问题为切入，以混合式学习理论和经验为出口，积极研究聚焦学生名著阅读过程的伴读策略，即教师设计、规划、布置，通过活动给

予学生名著阅读过程性的指导、陪伴、反馈和评价,落实阶段性阅读效果的策略。

一、问卷调查下的数据统计

名著小组围绕这一研究,对海滨区域七年级八年级和九年级教师进行了抽样调查问卷。调查问卷涉及教师读书,名著教学目标,名著教学设计、教学模式,名著教学评价等多个方面,共设计 25 道问题。区域内近 50 名初中语文教师参与了问卷调查,超过半数。笔者在这里精选主要问题分享数据,名著阅读存在的问题便可见端倪。

初中阶段需要阅读的名著 12 本,老师阅读情况数据如下。

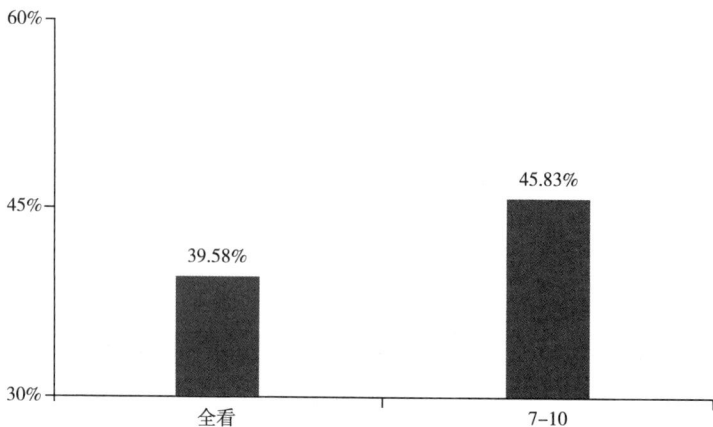

图 4-5　调查数据 1

对于部编本初中语文"名著导读"教学目标,刚刚过半的教师了解,但实际情况不容乐观。

对于名著阅读教学的出发点,有 83.33% 的老师认为是考试需要。出发点决定着教学的走向和风格,从而影响着学生阅读名著的效果。以考试需要为出发点的名著阅读教学必然倾向于以考试检测为主,倾向于知识点化的名著阅读积累,缺乏深入的阅读思维,势必会削弱学生阅读名著的兴趣。

教师们进行名著阅读教学,经常设计的活动中读书介绍、试题练习、写读书笔记位列调查数据的前三,可见,在名著阅读课型方面少有研究,更不要说过程性的指导。

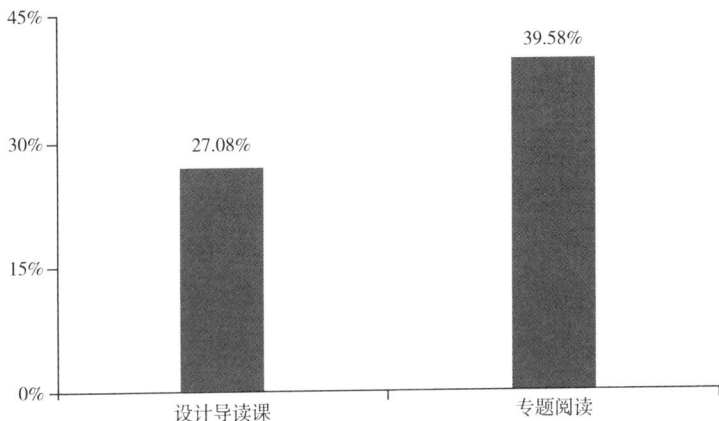

图 4-6 调查数据 2

名著阅读评价,教师们主要采用的仍是试题检测,或是以写的方式来评价阅读收获或思考。

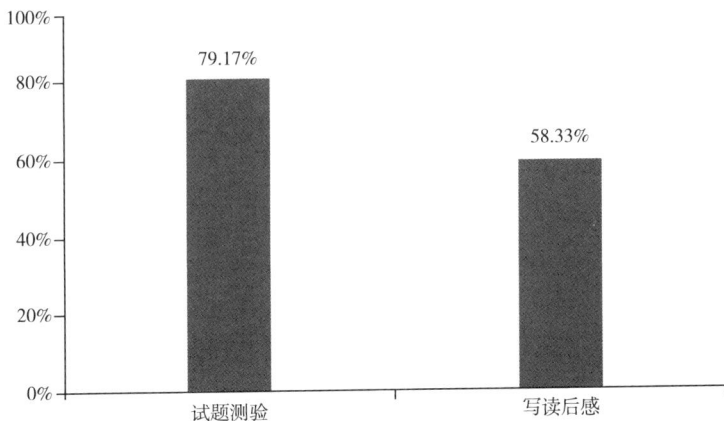

图 4-7 调查数据 3

可喜的是 70.83% 的老师会用展示的方式落实学生的阅读成果,维持学生的阅读兴趣。

教师名著阅读教学准备时间,数据如下:

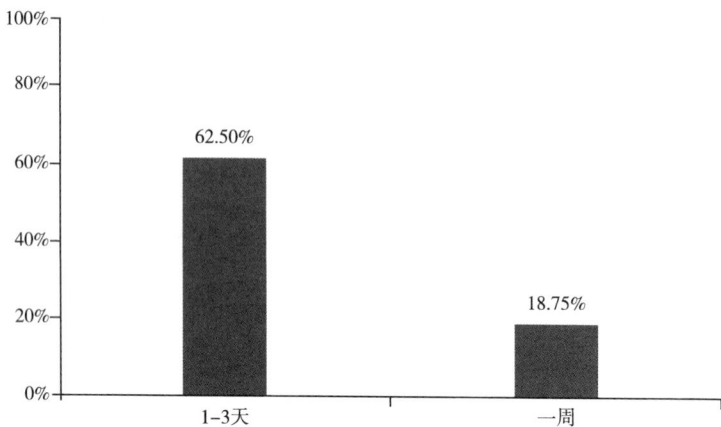

图 4-8　调查数据 4

可见名著阅读教学的难度高于日常教学,需要教师们花费大量的精力,那么我们继续进行名著阅读的相关研究仍然具有非常重要的意义。

二、数据支撑下的问题分析

从此次调查问卷来看,名著阅读教学中暴露的问题是有一定原因可追溯的。

（一）名著阅读带动力不足——教师真正"读"了吗？

我们期望培养真正的"阅读者",那么教师首先应该是一名真正的阅读者。名著阅读比较耗时,读完后,不仅能复述其中内容,还能掌握关键细节,更可以通过查找资料,求证研究,对名著有思考、有见解,这绝不是仅读一遍就能实现的,也不是隔几年再读一遍就能达成的,而是需要集中时间真正做到"好书不厌百回读"。就目前调查情况而言,教师对名著的阅读是不够的,这就意味着教师无法充分运用自身的阅读魅力为学生营造阅读的能量场,那么学生阅读名著的动力上自然就差了些。

（二）名著阅读目标性不清——我们真的要为"考"而读吗？

我们对初中阶段名著阅读的目标是不清楚的,多数还是跟着中考指挥棒转。如果我们把中考作为名著阅读的"最终归宿"，把阅读能力等同于应试能力，把名著阅读的目标完全定位在得分上。这既不符合课程标准的相关要求，又误解了学业评价的目的。完全依赖考试评价将使阅读过程中的体悟和努力黯淡无光，情感、态度、价值观等内隐目标被架空殆尽，使学生在死记硬背和反复操练中摸爬滚打，完全失去了名著阅读的应有之义，平白加重是学生的负担。

（三）名著阅读的过程关注度不够

——我们真的为了学生的"读"吗？

疫情期间，我们组织了很多线上阅读活动。越是这个时候我们越要冷静思考：阅读成果的展示是不是就说明学生真的读书了？对于阅读任务的布置与指导，是不是就等于对学生阅读的指导？……我们对于学生名著阅读任务的安排与布置，剖析内在，究竟是为了学生真的"读"，还是为了"做"这项工作。我们教师阅读指导的重心是不是应该放在教师真的读的过程上，放在关注学生的阅读过程上呢？

（四）名著阅读指导我们功力不佳

——我们真的会指导学生"读"吗？

从问卷调查的结果看，教师们的确重视名著阅读，也做了一些自己的努力，但名著阅读的设计与进行多是个人的，分散的，缺乏方向的，多数是自己"想当然"的尝试，缺乏一定的学理基础。对于"厚重"的名著而言，名著阅读的指导需要整体性规划，兼顾个人特长与学生特点；需要更加精准专业，兼顾学生兴趣；需要具备课程观念兼顾学校课时；需要一定的研究水平，兼顾较好的文本解读能力等。就目前而言，这需要依托于集体教研的智慧。

三、基于混合式学习的名著伴读策略

面对名著教学中存在的这些问题，我们选择先从落实名著阅读过程入手，以点带面地推动其他问题的解决。为了维持学生的阅读动机，落实学生

名著的个性化阅读,提升学生阅读效果,我们主要依托于混合式学习的理论与相关经验。混合式学习主要是指学习方法、学习方式、学习媒介、学习内容、学习资源、学习环境等多种因素的融合。而名著伴读策略主要体现了学习方式、学习方法、学习媒介、学习资源几种因素的融合,特别是线上与线下两种方式的融合,在一定程度上解决了阅读空间和时间、阅读界限和资源等问题。

基于这样的思考,再次回归课堂教学模式,笔者对《西游记》的阅读策略进行了重新的设计,如下。

(一)线下科学规划,让名著阅读更可行

针对目前学生阅读能力发生的变化,名著阅读规划如仍是整本书笼统地粗略地安排,这是不科学的,我们应化整为零,根据本班学生实际的阅读速度给学生落实到"篇章"甚至是"页数"的阅读任务,当然这样的安排必须保证阅读内容的完整性和合理性。那么如何测评学生的阅读速度,一方面依靠于教师对本班学生学情的准确把握,另一方面也可以采用易操作的测算手段,例如,10分钟测算法,简而言之,教师以10分钟为限,先让学生试读即将安排的名著,10分钟后统计每个学生阅读的页数,然后测算平均数,再结合学情适当留出调控的余地,这样可以较为科学地安排名著每天的阅读任务。《西游记》阅读规划如下。

表4-20 《西游记》阅读规划

阅读阶段	阅读安排	每日阅读量	每日阅读时间
第一遍通读	开学前暑假	至少45页	至少45分钟
第二遍选读	一个月	至少两三个章回	至少30分钟
第三遍精读	两个星期	至少两三个章回	至少30分钟

统一版本:人民文学出版社出版《西游记》。上册第一回至第四十八回,共602页。下册第四十九页至第一百回,共1218页。

线下规划阅读任务,除了教师科学安排阅读进程外,学生的自我监控也是非常必要的,让学生对自己的每日阅读量有更加直观的认识和感受,也是维持阅读动机的重要手段,于是,学生可以每天填写阅读记录单,来强化阅

读意识,如下:

表 4-21 《西游记》一周阅读记录表

	周一	周二	周三	周四	周五	周六	周日	完成的阅读任务
完成量								
实际用时								
专注度								
有无意外								
对自己评价								

(二)线上跟踪竞答,让名著阅读更有效

"扎实"的基础是不断重读,学生在阅读过程中不断反应、回顾、自觉与作者对话是实现扎实的关键策略,教师组织学生参与问答活动,本质上是在引导学生成为主动的阅读者。

在我们一起阅读《西游记》时,笔者编写小竞答题,每天按照阅读计划检测学生读书的认真程度,其中包括主要形象的外貌细节、神力兵器,主要情节的起因、经过、结果,甚至是章回目录的内容等等,以选择和填空的形式利用问卷星编辑三至五分钟的竞答,在学生每天阅读后完成,问卷星平台自主统计,教师可以清晰了解学生阅读的疏漏之处,转天可以在课堂上巩固。跟踪竞答使学生每天都能检测自己的阅读效果,同时激发学生坚持阅读的兴趣,当然跟踪竞答可以选择阅读中的一些生僻点和疏忽点来激发学生的阅读兴趣,但不宜过多。我们不赞成仅仅是"简单的"知识确认性考查,也不赞成琐碎的毫无意义的提问,跟踪竞答的设计应有助于学生在读的过程中对应关注的细节进行回顾,对书中内容进行不断地重温,并激发学生不断思考,形成自己的观点和判断。

(三)线下活动驱动,线上成果展示,让名著阅读更充分

阅读活动驱动扎根于各个阅读阶段,针对于各个过程的阅读内容,这样,既降低了学生上网借鉴的可能性,又可引导学生的阅读走向深入。以《西游记》为例。

表4-22　《西游记》阅读活动

阅读阶段	阅读任务	能力训练
第一遍通读	1. 每日完成跟踪竞答 2. 根据目录绘制"九九八十一难"思维导图	提取信息、整合信息的能力
第二遍跳读	1. 名著导读课"说'难'"，主要引导学生掌握概括情节的方法 2. 《西游记》精彩情节概括 3. 微信公众号平台由学生任主播，开展"自主编制，故事联播"活动 4. 制作"西游群魔游戏卡牌"，绘制形象，编写姓名、封号、武器、战斗值等信息。利用课间组织学生进行卡牌游戏	概括能力、口语表达能力
第三遍精读	1. 小组合作设计制作《西游记》(详解版)，选择经典章节，编写导语、旁批、评点，整理成册 2. 撰写《西游记》小论文 3. 名著研究课《"西游"论坛》	思辨能力、写作能力

　　《西游记》整个阅读阶段实行定量和定性相结合的评价方式，平时学生根据各个阶段阅读活动的参与和完成情况积分，兑换"西游"书签、"西游"手办等奖品。最后综合评选"阅读小明星"。

　　《西游记》小论题主要从学生的阅读疑惑及阅读兴趣中来，例如涉及名著内容的"为什么书中多次写到孙悟空的哭？为什么曾经大闹天宫的孙悟空在取经途中降服妖怪总要寻求别人的帮助？《西游记》中妖精的分类与研究？"等，又如涉及名著写法的"《西游记》每一'难'叙述模式都一样，为什么还那么引人入胜呢？《西游记》中的环境描写及赏析？"等，还有指向名著教育意义的"师徒四人谁是当今社会最需要的人才？联系实际谈谈《西游记》的思想魅力？"等。

　　总而言之，阅读任务应与阅读过程的相结合，落实学生每一阶段的阅读效果。教师再利用微信公众号、钉钉班级圈等平台对学生作品进行展示和点评，学生的阅读过程就获得了陪伴性的指导。学生作品的线上展示，也可以形成名著阅读的自制资源库，学生随时阅览观看，并及时留言交流，这样的资源库更能吸引学生的目光，激发他们探究的兴趣。

　　(四)线下演剧，线上颁奖，让名著阅读更精彩

　　阅读这部恢弘巨著势必要有个精彩的"收官"。排演小剧是颇受学生

欢迎的阅读展示类活动，《西游记》又是一部神魔小说，因此可以让学生来排演一番，为其想象力和创造力的施展提供舞台。学生自编剧本，自主彩排，自备道具和服装，自行解决场地及效果呈现问题，这不得不说是对学生综合素质的一次高阶训练。等表演完毕，学生和老师投票选出最佳编剧、最佳导演、最佳演员、最佳服饰道具等奖项，教师利用班级常用的网络平台上进行公布和表彰，上传部分精彩视频和获奖者照片，让学生感受到名著阅读带来的荣誉感和自豪感，体会到名著阅读也能带来源源不断的"精彩"。

综上所述，基于混合式学习的名著伴读策略有利于激发阅读兴趣，有利于扎实阅读过程，有利于构建名著阅读的资源库，便于学生时时处处进行阅读的补给，有利于突破时间和空间的限制实现随时随地的交流，及时记录学生的阅读过程和研究成果等。名著阅读教学如能实现线上、线下"两条腿"走路，定能行稳致远，这值得我们继续研究下去。

第四节 融合多元策略,为阅读"赋能"

第01篇 初中语文学科思政内化策略的研究

——以部编教材九年级上册第四单元为例

"内化"是教育心理学中的一个概念,最早是由法国社会学家杜克海姆提出,主要是指把外在习得的精神品质、思想道德和行为准则转化为自己内在所需并成为自己认知体系的过程。语文学科中的思政是内隐的,需要教师从课文的字里行间中去挖掘,在潜移默化中由外而内地融入学生的思想体系、价值体系,滋养学生的精神,进而再指导学生的实践。

2012 年,党的十八大报告中首次提出"把立德树人作为教育的根本任务",党的十九大报告进一步强调"要全面贯彻党的教育方针,落实立德树人根本任务"。习近平总书记围绕坚持立德树人这一教育的根本任务作出了许多重要论述,更是要求"把立德树人的成效作为检验学校一切工作的根本标准"。《义务教育语文课程标准(2022 年版)》(下文简称《课标》)中也提出"语文课程在推广普及国家通用语言文字、增强凝聚力、铸牢中华民族共同体意识,建立文化自信、培育时代新人,实现中华民族伟大复兴等方面具有不可替代的优势"。那么语文学科自然也成为落实立德树人根本任务、实施学科思政教育的重要阵地。

《课标》中对语文学科思政教育也提出了要求,它指出:"在语文学习过程中,培养爱国主义、集体主义、社会主义思想道德和健康的审美情趣,发展个性,培养创新精神和合作精神,逐步形成积极的人生态度和正确的世界观、价值观。"这"培养""发展""形成"等几个动词生动形象地描述着由外而内的习得过程。"况且语文本身除了独有的知识和能力,那些爱国主义、集体主义、革命乐观主义等伟大精神和正确的世界观、人生观、价值观已是它的教学目标,那些诗词歌赋、经典名著等优秀文化和传统已是它的教学内容,那些伟大的人物事迹和当代时代发展的足迹已是它的教学资源。因此,语文学科思政教育应进一步追求内化的效果,研究内化的方法和策略。

一、挖掘教育结合点——明确内化的目标和内容

在"立德树人"的大背景下,语文教师在教学中越来越重视思政教育,特别是认真研究教学内容,精选思政教育结合点。在区域学科思政目标一体化建设的指导下,我们初中语文学科也研究了思政教育结合细目,明确思政教育内化的目标和内容。以九年级上册第四单元为例,如下:

表4-23　初中语文思想政治教育结合点细目表

教学目录	思想政治教育目标	教育目标与教学内容的结合点	所属细目
15.《故乡》	1.理解作者对旧中国人民深切的同情,以及对旧中国的批判 2.理解作者对新生活的期望与思索	1.分析小说中"闰土""杨二嫂""我"等艺术形象 2.品读小说结尾最后一段 3.理解小说主旨	家国情怀价值形成
16.《我的叔叔于勒》	1.体会小说对金钱社会扭曲人性罪恶的尖锐批判 2.感受和学习若瑟夫的善良 3.树立正确的世界观、人生观、价值观	1.多角度梳理情节 2.分析小说中菲利普夫妇、若瑟夫等艺术形象 3.理解小说主旨	价值形成
17.《孤独之旅》	1.树立高远志向,培养敢于担当、不懈奋斗、勇于奋斗的精神 2.树立乐观向上的人生态度,做到刚健有为、自强不息	1.分析人物形象,梳理这个人物内心变化的过程,结合学生自己的经历和体验,深入感悟"成长"的含义 2.欣赏细腻的景物描写,体会其中表现的精神品格	价值形成

二、构建教育支架——激活内化的动机和思考

语文思政教育要想落实,正如语文其他方面的教学一样,首要的应是激活学生的学习动机。《课标》中指出"应该重视语文课程对学生思想情感所起的熏陶感染作用"。在语文教学中,"熏陶感染"可以帮助教师激活学生语文学习的动机和思考,既然学科思政应与语文教学融为一体,那么"熏陶感染"自然也能激活学生思政内化的动机和思考。因此,教师可以借助语文本身熏陶感染的作用,构建支架来营造语文学科思政教育的氛围。

(一)导语支架

这里的"导语"是指教师的导入、过渡、结语等语言。

教师在教学《故乡》时可以有以下几种导入方式。第一,借用《故乡》的背景资料导入。"辛亥革命推翻了封建主义这座大山,但辛亥革命后的十年间,人民却陷入更深重的困难之中。1919年12月鲁迅先生回故乡绍兴接母亲到北京,目睹农村的破败和农民的凄苦,十分悲愤,1921年1月便以这次回家的经历为题材,写成了我们要学习的这篇小说。"教师用课本背景进行导入,可以唤起学生对那段历史的兴趣,唤醒学生对旧中国人民的同情,这样不仅有助于学生对小说主旨的理解,而且有助于学生以往鉴今,学习鲁迅先生的民族责任感,从而增强爱国心,树立强国志。第二,借用古诗词导入。教师可以先与学生回顾学过的描写故乡的古诗词,并以"故乡是什么"为问,引导学生分享对古诗词中"故乡"含义的理解,教师再辅以诗意化的语言总结。这样导入,一是巩固学生对古诗词的积累,引入中国传统文化中"故乡"概念的解读。二是激发学生对"故乡"一词的情感,以便在本篇小说学习之尾推进由"故乡"到"祖国"的升华。

教师的结语也很重要,往往在思政教育中起到"画龙点睛"的作用,例如韩小兵老师在《故乡》一课的最后这样说道:"越是令人绝望悲哀的境地,希望的力量便越令人震撼。'其实地上本没有路,走的人多了,也便成了路'这句话成为鼓励人们坚定信念,不断前行的警句。现在看来,幸好在那个让人绝望的境地，有人还心存希望;幸好即使希望很渺茫,还是有许许多多的人坚定地选择了走下去;现在,才有了一百年前'我'所希望的'新生活'。"如此为学科思政教育精心设计的导语,也经常出现在课堂教学过程中,同样绽放着语文学科独有的魅力。

(二)资源支架

《呐喊》自序中有这样一段话:"假如有一间铁屋子,是绝无窗户而万难破毁的,里面有许多熟睡的人,不久就要闷死了,然而是从昏睡入死灭,并不感到就死的悲哀。现在你大嚷起来,惊起了较为清醒的几个人,使这不幸的少数者来受无可挽救的临终的苦楚,你倒以为对得起他们么? 然而几个人既然起来,你不能说绝没有毁灭这铁屋的希望。"这段话清楚表明了鲁迅创作《呐喊》的用意。《故乡》选自《呐喊》,教师如果能在《故乡》的学习中适时地补充这段话,可以更加有力地推动学生对于这篇小说主旨的思考和辨析,进而获得思想上的启示。资源的恰当拓展正是对学生思政教育的有力支撑。又如《孤独之旅》这篇小说的教学,本篇小说选自曹文轩的《草房子》,描写了杜小康这个少年的成长之路,感人至深、催人奋进,特别符合学生的年龄特点和心理需求。考虑到本篇小说是自读,教师应引导学生在充分的自读自悟中体味成长的滋味,获得成长的真谛。因此,教师可以为学生补充《草房子》这篇小说中相关内容,方便学生了解故事发生的前因后果,看看小康后来的经历,能进一步帮助学生树立正确的人生态度。

(三)氛围支架

除此之外,教师还可以通过图片、音乐、视频等手段从营造氛围、视野拓展等方面为学生提供支架,使他们接受思想政治的熏陶,受其感染,进而达成语文学科思政内化的目的。

《故乡》的美是忧郁的,但《故乡》中的"希望"却是坚定的,因此教师在引导学生品读最后一段时,可以运用配乐朗读的方法,用深情而有力量的音乐激发学生的情感神经,深刻体会鲁迅先生在绝望中仍怀有"希望"的可贵。为了进一步深化学生的体会和思考,教师可将"希望"与当今社会紧密

联系起来,出示当今社会美好生活的图片,引导学生感悟正是因为对于"希望"的不断坚守,无数仁人志士为了"希望"抛头颅、洒热血,才有了今日"希望"之实现,鼓励学生进一步思考作为新时代中学生对于"希望"又该做些什么。在这种氛围的感召下,学生会深入理解"希望"的重要,并结合这种重要性反思自己的作为,修正自己的认知,更有心者会明确今后的方向,燃起继续努力的"希望"。

又如《我的叔叔于勒》一课,教师在学生品出本篇小说的主旨后,可以补充反映当今社会、当下时代我们身边点滴良善的资料,特别是此次疫情中感人的那些图片和事迹,都是普普通通的人,却摆脱了利益束缚,超越了血缘亲情默默无闻、无私奉献,对比本篇小说中揭露的人际关系,这势必能激化学生对资本主义社会的批判,激发学生对友善的思考以及对当前和谐社会的珍惜和热爱。

三、创设真实情景——体验内化的思想和情感

学生尚处于青少年阶段,是思想发展的重要时期,但是他们的人生感悟并不充分,因此教师可以借助语言文字构筑的世界,引导学生体验、反思,丰富学生的感悟。学生只有通过体验,发现自身的差距和需求,才能打开思政内化的"心扉",如以下方法。

(一)代入法,设身处地

《义务教育教科书教师教学用书》(九年级上册)中《我的叔叔于勒》一课的教学重点有这样一句话:"教学中要注意引导学生设身处地,结合自己的经验。"但不少教师在处理这篇小说时仅引导学生体会到"揭露了资本主义社会人与人之间赤裸裸的金钱关系"就戛然而止了。而王君老师却更进一步,她引导学生逐步分析于勒写给菲利普夫妇的第二封信、船长对于勒的评价、若瑟夫看到并接触到的于勒。学生们发现于勒的形象更加丰满、立体,原来"他"也曾自力更生、正直、有责任心……就这样,王君老师把学生从已解读到的成见中解放了出来,让学生读出了一个有温度的、鲜活的于

勒。更为精彩的是,王君老师运用代入的方法向学生们提出一个可以直面自己内心的问题:"孩子们,如果你们就是菲利普夫妇,此刻你在船上遇到了于勒,你会如何选择?"学生们在"有温度的、鲜活的于勒"的感召下,纷纷表示要"与于勒相认,接于勒回家",这样就巧妙地接通了学生与若瑟夫之间的心灵通道,在无形之中激发了学生的亲情观念,帮助学生完成了一次心灵的洗礼。

（二）造境法,感同身受

以《孤独之旅》为例。主人公杜小康是一个十来岁的少年,正好与学生年纪相仿。突如其来的家庭变故使他不得不辍学,跟随父亲去放鸭,经受了极致的孤独,遭遇了恶劣的暴风骤雨……这些艰难压迫着他,同时也锤炼着他的身心。特别是一场暴风雨后,他觉得自己"突然地长大了,坚强了"。在这篇小说的教学中,教师有两种造境的方法。

第一种是教材中所提到的"生活中,你有过类似杜小康的感受吗?"学生可以结合生活经验,结合课文,理解成长的含义。

第二种是在上课伊始先请学生描述曾经最困难、最痛苦的经历以及当时的心理状态。然后经过这篇小说的学习之后,教师再启发学生:"现在你该如何看待那段经历? 如果再处在如此困难、痛苦的情景中,你该用怎样的态度去帮助自己去面对呢?"这样学生能更加深切地体验到这篇小说的精神魅力了。

（三）对话法,刻骨铭心

冯宗辉老师在执教《故乡》一课时引导学生感悟:鲁迅先生之于"希望"的阐述,不正是今天我们党提出的"构建社会主义和谐社会"的目标吗? 请以"鲁迅先生,让我告诉您"为题,谈谈你身边的人和事。这是让学生与鲁迅对话。在对话的过程中,爱国之情、自豪之感自然而然会在学生的心中激荡。又如,本单元"综合性学习"第三板块"展开想象的翅膀",引导学生进行穿越时空的对话:如果闰土、于勒、杜小康等小说人物站在你面前,你将会对他们说些什么? 这样的对话可以帮助学生进一步梳理思政内化的收获和

启示,这其实也是对内化的一种强化。

四、开展表达类活动——践行内化的收获和启示

笔者认为初中语文学科思政教育最关键的一步就是学生能运用内化的收获和启示酌古论今、反省自我。从认知规律而言,学生在接纳了某种思想、价值、精神后,只有经过实践的检验,才算将其真正地融入自己的认知体系中去。

表达类活动是语文学科思政内化检验的一个途径,一般而言,表达类活动可以在课后完成。

(一)书面表达活动

书面表达,顾名思义是指让学生用笔表达自己的学习收获,抒发自己的所思所感。例如,结合语文学科写作能力的训练,教师可运用本单元综合性学习的内容让学生重新设计人物命运;例如,假如闰土生活在现在,他的命运会发生怎样的变化? 学生在设计人物命运时自然会将他们享有的权利和义务,以及享受到的幸福,分享给闰土,这既是引导学生感知并珍惜如今生活,也是对于他们良善的一次教育。同样,教师可以让学生续写故事,例如,当《我的叔叔于勒》中的菲利普一家回到家里,会发生什么? 这样的续写可以帮助学生进一步体悟资本主义社会唯利是图的冷酷,并有可能阐述批判意识,改写小说结局,表达自己心中的追求。

再如《故乡》这篇小说让我们感受了鲁迅先生对时代清醒的认识和深刻的反省精神,那么作为新时代的中学生,如何继承并运用这种认识和精神呢? 例如,我们生活在非常幸福和美好的时代,但仍有些人在网络上散布一些偏激的言论,教师可以为学生整理一些这样的例子,请学生学习鲁迅先生的精神,给那些网络大亨们写封信,具体清晰地表达自己对社会、对生活的看法。这样不仅有利于学生确立正确的网络观,更有利于学生形成正确的世界观、价值观、人生观。

（二）口语交际活动

口语交际活动主要包括辩论、演讲、故事会等活动。九年级上册第四单元的小说"或涉及少年成长这一话题，或从少年视角观察世间百态，取材独特而广泛。阅读这些作品，可以加深学生对社会和人生的理解，确立自我意识，更好地成长"，教师可以试着从以下四个方面进行选择，组织学生开展口语交际活动。

第一，组织一次"小说故事会"活动。教师可以以少年成长为主题补充学生以前读过的书单，如《城南旧事》《傅雷家书》《天蓝色彼岸》《钢铁是怎样炼成》等等，学生也可以有自己的选择，然后从中选择一本，讲讲其中人物的成长故事。

第二，组织一次"名人大家谈"活动。学生搜集自己心中佩服或敬重之名人的资料，以卡片、导图等形式展现人物成长经历，可以做一些简单的点评，写一些推荐语。然后学生分别推荐自己心中的名人，最后看看谁能获得更多的支持。

第三，组织一次"成长是个啥"演讲活动。教师组织开展以少年成长为主题的演讲活动，让学生讲述自己成长的故事，表达自己理解的成长真谛，听听谁的故事最励志，谁的思考更具启发性。

第四，组织一次"我的成长我做主"辩论活动。围绕"我的成长最需要什么"为题，教师引导全班参与辩论，可适时提出奖励、表扬、批评、管教等这些敏感且学生感兴趣的话题，帮助学生确立正确的自我意识，健康地成长。

总而言之，从被动的接纳到主动的表达，从书本内的学习延伸至生活中的体验，学科思政内化走完最关键的一步，其效果也得到进一步的夯实和巩固。

初中语文学科思政内化的策略还有很多，我们尚需继续研究。当然，我们在思考初中语文学科思政内化的同时，也不能忘记思政对于语文学科的意义。我们的教育归其根本是在培养"人"，落实语文学科思政教育，这个"人"就有了语文学习的动力和活力，更有了研究语文、运用语文的精神，那

我们的语文学科也就拥有了强大的生命力。

第②篇　初中语文课外阅读"群读"策略初探

"要想学好语文,就得多读书。"这似乎已经是大家达成的一种共识,更是长期语文教学经验的总结。光靠在课堂上学习语文,是不能真正学好语文的。更何况,阅读不仅是收获语文知识和能力的重要途径,还是锻炼思维,涵养人生的重要方式。因此,从步入校园的那天起,语文教师就致力于让课外阅读在学生的学习生活中担任举足轻重的角色。

一、初中语文课外阅读现状的几点分析

(一)初中生课外阅读"面"的不确定性

初中各个年级,语文教师都会给学生推荐书目,但大都是各自为政,"推荐书目"也呈现出语文教师个人的风格特色,如果说,各个年级在推荐书目的基础上为学生提供了自主选书的空间,在当前碎片化阅读,功利化追求的影响下,相当一部分初中生只会关注于能提高语文成绩的教参辅导书,或跟着流行文化,以卡通漫画、校园小说、网络流行小说为主,即便是阅读经典名著,选择面也比较狭窄,主要是考试推荐的必考名著。

(二)初中生课外阅读"质"的不确定性

书目是推荐出去了,读书笔记让学生写了,但学生阅读的质量就有保障了吗? 实践证明,随着课外阅读的"各自化""随意化"推进,学生仍以简单轻松为阅读的最高追求,以完成阅读任务为阅读动力,即所谓的"为了阅读而阅读"。在做读书笔记或摘抄时,学生只是停留在好词好句的摘抄,并没有深刻理解其中深刻而优美的意蕴。即使要写读书体会,学生在网上也能

方便找到自己所需的资料，甚至照搬别人的读书感受，无视"读书的原创乐趣"。

(三)初中生课外阅读"趣"的不确定性

在教学实践中，我们见过不少这样的状况，起初学生对课外阅读还是热情似火，但慢慢地就无动于衷，到最后变得冷若冰霜。换言之，学生对于课外阅读的兴趣难以长时间维持下去，造成这种状况的原因可能来自学业压力、人际交往，乃至家庭环境等。大部分学生的读书兴趣都是外界督促的结果，只有极少数学生能将读书变成自己内在的读书兴趣。

纵观近几年初中语文课外阅读的研究情况，课外阅读的指导策略，越来越受到一线老师的关注。为了进一步推进课外阅读向"有效性"迈进，我们的确需要更多可以落实课外阅读的方法和策略。笔者将探索的目光锁定在了"群读"这一理念上，将"群读"中一些阅读策略延展到课外阅读的领域，希望对课外阅读的研究有所裨益。

二、初中语文课外阅读"群读"策略实施的几点原因

实施初中语文课外阅读"群读"策略，主要是源自《义务教育语文课程标准(2022年版)》(本文以下简称《课标》)的指引，当前阅读氛围的影响，以及"群读"研究进一步丰富的探索。

(一)《课标》中目标的指引

《课标》中各学段关于课外阅读的具体目标也是螺旋上升的。第四学段即我们的初中阶段，课外阅读的相关目标是"能利用图书馆、网络搜集自己需要的信息和资料，帮助阅读。学会制订自己的阅读计划，广泛阅读各种类型的读物，课外阅读总量不少于260万字"。不难看出，这一学段不仅要求学生能就阅读能进行理性的思考，而且能借助资料帮助自己进行创造性地阅读，同时要学会制订自己的阅读计划，说明阅读已经变成学生的内在需求了。这些目标为课外阅读注入了必要的理性因素，其不是学生一下子就

能达到的,需要老师运用恰当的策略进行引导。

（二）当前阅读氛围的影响

随着电脑、手机在我们生活中越来越重要,我们的阅读习惯和思维也随之发生了变化。纸质阅读受到冲击,方便快捷的电子化阅读越来越受到大家的青睐。同时,微信、微博、朋友圈,逐渐把我们的阅读习惯引向快速化、浅显化。一些"读书""听书"软件为大家打开走进书籍路径的同时,也把我们与"美文墨香"的距离拉得越来越远。这样的阅读氛围同样对中学生产生了不能回避的影响,他们越来越难静下心来读一本书。面对这种阅读情况,需要教师去探索更多的策略引导学生读书。

（三）"群读"研究丰富的探索

"群",在《现代汉语词典》中的意思之一是"聚在一起的人或物","群读"是基于教学实际的语文阅读的一种独特形式,它重新组织阅读教材,通过单元重组、主题重组、知识重组、结构重组多种形式组元,突破传统语文教学模式,实现海量阅读,提升学生语文素养。它的形式比主题阅读更加丰富,组合方式更加灵活,可以大致一篇文章,也可小至一个片段。由此可见,对于初中语文课外阅读而言,"群读"的组合方式可以进一步扩展,由段、文、篇扩展到整本书的组合上。同时,"群读"原本是指文章放在一起进行阅读,而初中语文课外阅读的"群读"可以从另一个层面丰富"群"的概念,不仅指"聚在一起的文",也可指"聚在一起的人",鉴于初中生的心理特点,他们对父母的唠叨和教师的教导常常开启"免疫模式",更在乎朋辈人的看法和评价,因此教师引导他们在课外阅读时共读一本书,品一种味道,谈一个话题,更能维持学生的阅读兴趣,将课外阅读推向实质。

三、初中语文课外阅读"群读"策略实施的几点做法

古希腊科学家阿基米德的名言:"给我一个支点,我可以撬动地球。"课外阅读也可以选择一个"点",启动学生横扫群书的动力。

（一）以文化母题组"群"，搭建读书论坛平台

初中语文课外阅读不仅是好词佳句的积累，也不仅是习作能力的探寻，它还肩负着思维训练，甚至文化熏陶、精神滋养、人格塑造等深层次的重任。因此，在初中阶段，课外阅读可以开始引领学生进一步走入中国的文化，接受文化的熏陶和感染。

笔者就曾选择过一个文化母题"离别"来推荐书目，引导学生进行深入的课外阅读。乡愁、离别、伤春、悲秋等中国文学史上永恒的主题。文学中的离别最早源自先秦时期，我国第一部诗歌总集《诗经》中的"邶风"被清代文学家王士祯称为"万古送别之祖"，到了汉魏六朝时期的《古诗十九首》中大部分都是写离别的，但文学中这一主题真正繁盛的时期是在唐宋时期。到元明清时期，随着散曲、戏剧、小说的出现，离别的场面也出现在这时期的作品中。离别的基调多是哀怨、愁苦，但也有豁达、坚强基调。笔者为学生主要推荐了《城南旧事》《呼兰河传》，引导学生聚焦于这两本书中"离别"的不同风味，以及体会作家的不同风格，然后以读书论坛的方式进行展示。在这个过程中，学生为了进一步品味书中"离别"的味道，查阅了作者生平，两本书的书评，"离别"的文化解析等大量的课外资料，更可贵的是，学生在教师的鼓励下，也自选了其他能体现离别意味的书籍来进一步支撑自己的阅读，如《童年》《青铜葵花》《天蓝色的彼岸》等。学生在读书论坛上发表自己的发现，有观点，有依据，不仅丰富了他们的阅读经验，阅读思维也得到了提升。

（二）以写作特色组"群"，开设名著导读课堂

课外阅读的本真应该是语文味儿。换言之，指向书籍中的语言表达，更能为学生的语文学习助力。笔者曾以形象塑造为题来推荐书目，主要是关注了古典名著中的艺术形象的描写。因为那时正值动画片《大圣归来》的热映，所以此次课外阅读的切入点就设定在了《西游记》中"孙悟空"这一形象上，孙悟空是位家喻户晓的英雄，他神通广大、伸张正义、忠心耿耿、任劳任怨，这些都是我们所熟悉的孙悟空的形象特点。不过，我们深入阅读《西

游记》会发现,孙悟空这个形象之所以能够鲜活至今,深入人心,更因为对他真实的人性的塑造,借此,笔者将《西游记》中关于孙悟空"哭""偷""耍滑"等一些片段重新组合,让学生去进一步阅读,品味一个不一样的孙悟空。学生阅读《西游记》的兴趣再次被燃起,又认真回到了这部古典名著的字里行间中,读得津津有味。同时,在对孙悟空这个艺术形象的塑造有了一定的认识后,学生们又选择性地阅读了《水浒中》《朝花夕拾》等,品味其中人物形象的描写,学生对文学作品中的形象塑造有了更加丰富的认识。

(三)以时尚话题组"群",开启知识答辩模式

初中阶段的学生正处于幼稚与成熟的矛盾期,他们自以为对周围的一切看得很透彻,殊不知那正是不成熟的表现。为了引导学生形成正确积极的人生观价值观,以当今时尚话题为切入点整合书目引领学生进行课外阅读,也是不错的选择。例如,就如今学生生活中的一些热点话题,我们曾推荐学生阅读了一组书籍《大人为什么要开会》《从前,有一个"点"》《我是中国人》《为什么不能把所有东西买回家》等。在阅读过程中,学生对"大人为什么要开会""中华儿女的起源""买东西可不可以随心所欲"等话题有了更多客观而全面的认识。然后我们从这组书中抽取相关的内容改变成问题,组织学生开展了生动热烈的抽签答辩竞赛,学生阅读效果进一步扎实,同时学生也在思辨中不断修正着自己为人处世的态度和方法,阅读的作用不再局限于书本之上。

书籍是人类精神世界的瑰宝,课外阅读是学生饱受精神文化的"饕餮盛宴"。因此,课外阅读不仅是推荐一些书目,写写读书笔记而已,特别对初中生而言,在这思维发展、性格品质形成的关键期,课外阅读更应营造一种氛围,让学生在获得内容知识的同时,更让思维深入进去,并飞扬起来,探索精神世界的美好。初中语文课外阅读任重而道远。

第03篇　初中语文课堂激励性评价的几点思考与做法

在新课程改革的助推下，学生的综合素质在教师的视野中日益重要。就语文而言，教师追求的不再仅是语文知识的传授，更加看重语文核心素养的提高。课堂是语文教学的重要阵地，语文课堂中运用激励性评价对学生语文核心素养的提高发挥着至关重要的作用。

笔者从小学到初中发现初中语文课堂评价较之小学语文课堂评价有一定的差别。小学语文课堂中的激励性评价更加多些，其实，初中语文课堂也可以运用生动活泼的激励性评价，让语文课堂生动起来，从而激发学生的学习热情，促进学生语文学习效能的提升，进而提高学生的核心素养。

一、观初中语文课堂评价之现状

语文教师都有类似的困惑，即年级越高，学生上课发言越少。这不得不说与我们语文课堂评价有着密切的关系。在低年级的语文课堂中，教师的一句赞美就可以激发学生心中的涟漪，让学生积极参与；一份小小的礼品，可以让小学生们激动不已。但随着年级的升高，在关注中成长起来的学生们不再对赞美性的语言有过多的"反应"，教师的小礼品也变成了他们眼中的"小儿科"，语文课堂评价越来越难，课堂气氛也就冷淡下去了。况且，初中语文课堂评价还存在着以下几种现象。

（一）众里寻他千百度

走过小学，来到中学，笔者发现初中语文教学特别注重标准的给予，课堂评价亦是如此。为了学生能在考试时准确地答出得分点，教师在语文课上也特别关注对学生答题思维的引领，因此，教师会不自觉地在学生中间寻

找标准答案。当学生的回答差之甚远时，教师只会用"还有没有其他想法或意见"来换一个学生回答，直至标准答案出现；又或者，左暗示、右暗示、使眼色，让自己的"心腹"回答，当学生答得较为接近时，教师大喜、夸赞，急忙出示"标准答案"。学生们见"标准答案"不易得，便日渐低头不语。初中语文课堂学生思维的发散性逐渐被标准性所替代。

（二）怎一"好"字了得

现在的语文课堂很少再有教师会对学生使用简单的否定性评价，更不会出现对学生的恶语批评，更多的是对学生表扬、鼓励、肯定，这的确是课改带来的重大变化。然而，语文课堂又出现另一番景象：教师课上只用"好""不错""真棒"等单一的语言来评价学生，一"好"到底，有时是夸大了事实，浮光掠影，有时忽视了亮点，蜻蜓点水，学生都不知道具体的哪里好，哪里不好。例如，在《阿长与〈山海经〉》一课中，师生在探讨文章的"行文结构"时，学生分享此文"一波三折"，这显然是不准确的，但是教师仍然反馈道"你的发现很好，请坐"，这样不了了之了。这样的评价不仅不能给学生有效的激励，反而模糊了学生进步的空间。久而久之，学生对此类评价漠然，对语文的学习兴趣也就大打折扣了。

（三）冷酷到底

有学生在日记中写道："每次回答完问题，最想听到的是某某老师的一句认可，但每次都是'你先坐下'。"教师个人气质不同，教学风格亦不相同。有的教师是权威范，从上课开始就非常威严，不仅表情严肃，就连与学生的对话都是"惜字如金"。其实，越是这样的教师，学生反而越是渴望得到他的认可和肯定。但是有的此类教师在学生交流完毕后，要么直接让坐下，要么挥手示意坐下，学生不知其答对与否，是否如教师心意，更不知教师到底想与他们交流的方向是什么，终日猜测，诚惶诚恐，在座学生终不敢出一言以复。

初中生同样是需要激励的，更何况他们处在动荡的青春期，学业压力日益加重，他们更需要教师为他们指明方向，为他们心中注入进步的正能量，

"激励性评价是在充分把握学生心理、维护学生自尊的基础上，重视发掘学生个性特点，以信任、鼓励、期待的语言或者行动对学生进行评价的过程"，语文课堂中的激励性评价必不可少。

二、思初中语文课堂激励性评价之导向

德国教育家第斯多惠说："教学艺术的本质不在于传授本领，而在于唤醒、激励和鼓舞。"激励性评价即可在这方面发挥巨大的作用。

（一）激励性评价标准不只是"学习"

加德纳的多元智能理论告诉我们，人的智能是多元化的，这就引导着我们的评价标准必须多元化。语文学习的评价不能仅从学习成绩来评价，语文课堂的评价也不能只关注课堂纪律或答案的标准化，而应关注学生的学习过程、习惯、态度、方法等。例如，笔者在语文课堂中除了会评价学生回答内容的专业性外，还会评价如下方面：

1. 上课认真倾听；

2. 及时圈画批注；

3. 小组合作积极分享；

4. 课堂敢于质疑；

5. 积极举手发言；

6. 读书、写字等习惯。

（二）激励性评价主体不只是"教师"

从心理学上讲，处在青春期的初中生们特别看重同龄人对自己的评价。因此，在语文课上，除了教师的科学评价外，还应调动学生之间的自评、互评。例如，笔者在语文课上会让学生轮流担任值日班长点评整体课堂情况，感受自己的权力。并且在教学的一些环节，如读文环节、答疑解难环节等加入学生互评的内容。小组之间互相监督，在发言、纪律、思考、习惯等方面竞争等级，达成互相鼓励互相督促的目的。

更重要的是课堂激励评价是由学生们亲自设计完成的,他们听取大家意见,采用体现他们兴趣的及年龄特点的方法,然后公示让大家提意见,最终形成的评价制度自然"深得民心",实施起来的效果也不言而喻了。

(三)激励性评价形式不只是"生动"

课堂激励性评价不应拘泥于一种方式,除了教师的评价语外,还可设置小组争分、晋级比拼、权利卡等多种形式的量化评价方式,关键是学生喜闻乐见的。除此之外,课堂的激励性评价还应注重情感的交流,例如,教师的一个眼神,一个会心的微笑,一次有力的握手,学生间真挚的掌声,一次激动的拥抱,都能使整个语文课堂充满温情。还记得,一位教师在讲现代诗,她问学生们这首诗中有怎样的思想感情,学生们体会到作者在思念诗中的牧童,这时他们都有点不好意思,教学进程等待着突破。这时,一名平时不爱回答的学生大胆举手回答道:"她就是思念那个放牛娃!"全班哄堂大笑,教师走到这位学生的面前真诚地跟他握了握手,他激动地坐下了。从此,只要是班级的公开课、展示课,他都会从上课一开始就举手直到下课,丝毫不会担心自己的口齿不伶俐,反而在读课文上越来越有进步。现在语文课上还会经常爆发学生发自内心的掌声,这掌声传递着学生之间的情感,这无疑是激发学生语文学习的最强大精神动力。

(四)激励性评价方向不只是"表扬"

"激励性评价并不代表着一味地'表扬','纠错'也是一种积极的鼓励",为学生指明改正进步的方向。例如,在一次作文课上,师生正在探讨"突出中心"的问题,让一名学生站起来分享自己的想法,而他站起来却分享的是如何选材的问题,显然他走神儿了。教师还是肯定了他在选材方面提出的建议,但也明确地指出了他听课上的问题,并期待他积极参与课堂后会有进一步的思考。教师对这名同学的评价引起了全班学生的注意,整节课学生的参与都非常的积极。对于某些性格内向,学习上缺乏内动力的学生,对于那些学习习惯不佳,学习动力不足的学生,教师的确不容易找到表扬的机会,但可采用相信他的态度,不告诉家长,不记录成绩,提前让他准备阅读测验内容等方式鼓励他通过自身的努力一步一步的前进。这样既保护了学生的自尊，又维护了学生学习的积极性。

马斯洛的"基本需求层次理论"指出人类行为是由动机引起的，动机起源于人的需要；而人的需要是有层次的，其中就有安全的需求和尊重的需求，"从人的内在需求出发，推动人们来采取某种有目标的行为，最终达到需求的满足的过程，就是激励过程，尚未满足的需求是整个激励过程的起点"。

三、行初中语文课堂激励性评价之方法

激励性评价具有导向、调整、反思、诊断等多种功能，能鼓励学生自觉主动地提高自身的学习动机，调整自身的学习方法，改善自身的学习习惯，激发学生课堂的参与性，让学生获得成功的喜悦，获取进步的力量，发现语文的奥秘和乐趣。基于此，笔者在教学实践中做了如下的尝试。

（一）交流要平等，在探讨与质疑中发展

相较于小学课堂感性的鼓励与表扬，初中语文课堂应更加注重理性的交流和探讨。换言之，教师与学生在语文课堂中平等对话，教师改变评价的主宰者形象，成为一个交换意见的参与者、合作者。教师可运用如下语言表达对学生的关注与鼓励，例如，"你的发言引起了我的兴趣，我也想发表一下我的看法""你是这样认为的，倒是让我没想到的，不过……""这篇文章我认为……你们的看法是……"，"我想听到更多同学的意见，让我们的思想来交锋一下……"等。在这一过程中教师要鼓励学生勇敢地表达自己对文章的感悟，特别是学生对文章的疑惑。提出问题是学生思维活跃的表现，教师应努力创造一种宽松、民主、平等融洽的学习氛围，鼓励学生多提问，让学生知道提问是一种认真学习的表现。因此，我们要善于鼓励学生大胆质疑，欢迎他们与自己争论，对于那些平时特别是在课堂上敢于发表反驳意见的学生，要予以表扬，即使他们的观点是错误的，也要在肯定他们勇敢精神的前提下与其一起讨论来加以引导，并纠正其错误观点。

另一方面,教师对学生回答问题的点评也要更加理性,体现语文味儿。毕竟评价除了激励、肯定外,还有诊断的功能,例如,在阅读季羡林先生《我的童年》时,学生品味儿时"我"偷吃死面饼子一段,抓住了母亲追赶时"我"的动作细节,感受到了作者童年艰辛中的乐趣。笔者的点评是这样的:"我很赞同你从描写的角度,抓住了动作描写的细节,感受到文中的情感,这是值得我们注意的。其实你知道你的发现很了不起吗?我想我们可以再深入思考一下,这艰辛中的乐趣除了吃到了死面饼子,还有什么呢?"这样的评价既站在语文专业的角度给予学生阅读文本的方向,又激发了学生进一步的情感体验。

(二)评语有特色,在即时与延时间荡漾

课堂上,教师给予学生情感上的鼓励与表扬,都是及时为学生当前的学习行为指以明确的方向。告别"好""真棒""不错"之类的语言,我们同样可以带给学生成功的体验,例如"最近发现你的语文思维能力更进一步了""你的语文感知能力越来越细腻""你很会学习语文""你分享的内容很有语文味儿""你读书的角度值得我们去学习""从你的回答中我仿佛看到了作者的影子""你已经走进作者的心里了"……关键是教师要不断思考并丰富自己的评语体系,使学生对教师的评语充满新鲜感。当然教师还可以借鉴一些时髦的流行语,例如,"读书要认真,且读且珍惜""现在问题来了""我欣赏你独特的发现,有才就是任性"等,这类新奇的评语必然会引起学生的兴趣,他们课上的积极性不言而喻。教师的教学技艺需不断精进,教师的激励性评语同样需要日益精进。

同时,教师不是所有时候都要给予学生即时性评价的。为了促进学生的个性发展,教师要适当地采用延缓性评价。"延缓性评价要求教师在学生交流或讨论过程中,不要立即给予学生肯定或否定的评价",而是要给予学生充分的探索新知的空间。例如,我们在阅读季羡林《我的童年》时,有学生质疑:"老师,我怎么觉得这篇文章总是在写'吃'的呢?"这个问题看似简单,实则很有深意,这直接指向了文章的选材艺术。但当时笔者并没有立即夸赞这名同学,而是说:"你这个问题挺有意思,老师再给你推荐季羡林的另外几篇文章,你结合文章的题目和情感思考一下,咱们课下交流。下节课你要给全班同学讲讲你的发现。"学生同样是美滋滋地坐下了。

（三）学位晋级制,在量化与质性间平衡

教师在关注学生学习过程的同时,也需要量化学生的学习成果。这样直接的显现对学生更有激励作用。笔者所执教的班级在语文课堂上采取了"学位晋级制"。主要规则如下:

学位分为:学士、硕士、博士、讲师、副教授、教授。

晋级学分:学士 20 个 A;硕士 40 个 A;博士 60 个 A;讲师 80 个 A,副教授 100 个 A;教授 150 个 A。从晋级硕士开始,在获得相应学分的同时,学生还应准备一份学习简报,作为一节课的学习成果。

课堂得 A 标准:课前主动帮老师或同学下发作业资料,可得 A;上课认真倾听,不扰乱课堂得 A;回答一个问题即得一个 A,有创造性发现或质疑得 5 个 A;小组认真交流,文明有礼,组长有权奖励 A;读书习惯正确,圈画详细得 A 等。

从这个制度实施以来,学生热情高涨,课堂积极性显著提高。在这一过程中,学生不仅学习效能提升了,他们更加关注自己的学习的习惯,更重要的是语文学习的能力也被激发。这样的评价方式,何乐而不为呢?

人都有被肯定被关注的需要,无论在哪个年龄阶段,都是如此。小学生的自信心需要建立,情感需要呵护,初中生的自信心和情感更需要维护。教学是艺术,课堂评价定是这艺术中的点睛之笔;教学是智慧,课堂评价定是这智慧的集中体现。笔者初中语文教学经验尚浅,仅总结一些教学实践中的思考与做法,期在自省,自省而进;期在临询,得教必改。

第04篇　名著阅读中跨学科活动的设计与实施

《义务教育语文课程标准(2022 年版)》(以下简称《课标》)按照内容整合程度,分三个层面设置学习任务群,即基础型学习任务群、发展型学习任务群、拓展型任务群。其中拓展型任务群包括"整本书阅读"和"跨学科学习"两大任务群。"跨学科学习"虽然不是新鲜概念,但是首次在课标中以任务群的角色出现,既体现了全球跨学科课程发展的趋势,又体现了我国教育教学课程改革的成果。

一、"跨学科学习"的内涵

2022 年颁布的《课标》中,跨学科学习有怎样的内涵呢? 通过对语文课标"跨学科学习"的梳理,我们发现语文课标中跨学科学习的内涵可以从以下三个层面去解读。

(一)学科学习中的学习支撑

《课标》中明确了各个学习任务群的定位和功能,区分了每个学习任务群的学习内容和教学提示,要求我们综合考虑教材内容和学生情况,设计不同类型的学习任务,但同时也指出,我们需关注不同任务群之间的内在联系。这就意味着任务群既有区分彼此的独特性又有融合彼此的关联性。语文教学不能绝对地把六大任务群割裂化,而应注重不同学习任务群内容的相互支撑,相互融合。

(二)学科学习中的学习内容

作为课程内容的呈现和组织形式,跨学科学习拓宽了语文学习和运用的领域,综合运用多学科知识发现问题、分析问题、解决问题,这里问题的范畴比较广泛,按范围划分,可以是学科问题,也可以是社会问题、生活问题、个人问题等;按领域划分可能是科学问题、哲学问题、文学问题等,不单纯聚焦于语文学科问题,但是在此过程中学生同样能提高的是语言文字运用能力。

(三)学业质量中的学习情境

《课标》中指出了学业质量标准是依据义务教育四个学段,按照日常生活、文学体验、跨学科学习三类语言文字运用情境,整合识字与写字、阅读与鉴赏、表达与交流、梳理与探究等语文实践活动,描述学生语文学业成就的关键表现,体现学段结束时学生核心素养应达到的水平。作为学习情境,跨学科学习服务于各个任务群,辅助的是各个任务群特色的体现,例如执教"文学阅读与创意表达"中的某一课时,教师可以创设情境跨历史、美术、地理等学科,或者跨社会、跨生活等,但仍服务于本任务群的学习内容。

二、"跨学科学习"的原则与路径

在语文课标中,"跨学科"一词分别出现于课程理念、课程内容、学业质量描述、课程实施、评价建议等各部分,共出现四十余次。此次语文课标如此鲜明、突出地凸显跨学科学习的内容、作用、意义等,进一步推动了我们对跨学科学习的思考。

(一)"跨学科学习"的实施原则

1.创设真实性情境

学习任务群具有情境性、实践性、综合性等特点。就情境性而言,跨学科学习主要通过真实性任务情境来体现。这里所说的"真实性"一方面是指学生在语言实践活动中能表达真情实感,能运用真的经验,获得真的体验,进行真的思考。另一方面则是指教师引导学生在更广阔的学习和生活情境中学语文、用语文,提高交流沟通、团队协作和实践创新能力。

2. 依托语文实践活动

跨学科学习这一任务群的名称中心词为"学习",强调了这一任务群中学生的主体地位。换言之,这一任务群更应依托于学生的语文实践活动,凸显任务群的实践性,让学生在阅读、梳理、探究、交流等实践活动中连结课堂内外、学校内外,训练语言文字运用能力,在语言实践活动中去发现问题和界定问题,并学会解决问题,进而培养应对现实及未来的能力。

3. 训练语言文字运用能力

语文学科中的跨学科学习可以从本学科的问题、话题、主题等出发,也可以从生活中去发现问题、主题、话题等,但万向归一,它指向的仍是语言文字的运用,同时训练学生综合能力,促进学生核心素养的发展。

(二)"跨学科学习"的实施路径

1. 开发现行教材内容

从以往语文学习的内容来看,跨学科学习是对"综合性学习"的发展,但是又比"综合性学习"更加丰富、广泛、灵活。因此,跨学科学习需立足现行语文教材开展跨学科学习,例如教材中的综合性学习板块、活动·探究单元等。部编初中语文教材三年共安排了 15 次综合性学习。每一个综合性学习的主题或是与语文学习密切相关,或是与学生生活紧密联系,或是聚焦中华传统文化,从课内到课外,从校内到校外,充分体现了"加强课程内容与学生经验、社会生活的联系,强化学科内知识整合"的课程取向。活动·探究单元则是以任务为主线,以活动为主体,将各种语文实践活动融为一体。为了完成单元任务,学生需要整合多种资源,调动多科知识,走出校园。

2. 融合其他学习任务群内容

其他学习任务群的许多内容都涉及跨学科的内容,例如"语言文字积累与梳理"中"在日常读写活动中积极运用,提升自身的中华文化修养","实用性阅读与交流"中的"学习跨媒介阅读与交流","文学性阅读与创意表达"中"领略数字时代精彩的文学世界","思辨性阅读与表达"中"围绕社会热点问题,以口头或书面方式参与讨论"等,"整本书阅读"更是需要历史、地理、数学、美术等各个学科的知识与思维支撑。因此，各个学习任务群的教学都需牢牢树立跨学科学习的意识，联合相关学科设计语文实践活动，帮助学生深化任务群的学习与理解，发展相应的思维和素养。

3. 挖掘地方特色文化

语文课标中提出"中华优秀传统文化""革命文化""社会主义先进文化"三大文化的课程内容主题与载体形式。地方特色文化纵贯其中，是开展跨学科学习有益的契机。"跨"字不仅只停留在浅层次的学科联动上，更体现在学科间的综合与实践上。地方特色文化与自己生活的地域密切相关，易激起学生跨学科学习的兴趣与期待；地方特色文化历史悠久、内涵丰富，可以为学生提供多样的跨学科学习内容；地方特色文化有待被认识、被传承，对学生增强文化自信也有重要意义。教师挖掘地方特色文化，引导学生开展跨学科学习，学科间的综合性会更加凸显。

4. 关注身边生活热点

除了地方特色文化，学生身边的生活热点也是可以用来开展跨学科学习的。《课标》"课程总目标"中提到："关心社会文化生活，积极参与和组织校园、社区等文化活动，发展交流、合作、探究等实践能力，增强社会责任意识。"因此，通过关注身边生活热点，教师组织学生开展跨学科学习，这样更具现实意义，更有利于学生发现问题、分析问题、解决问题综合能力的培养。

三、"跨学科学习"课例片段举隅——以名著阅读为例

在现行教材体系下，如何运用跨学科学习丰富学生已有的语文生活具有重要的现实意义。跨学科学习虽然在语文课标中作为拓展型任务群中的一个，但与其他任务群紧密融合在一起的，各个任务群之间不是壁垒分明的。跨学科学习存在于不同学科，那么语文学科的跨学科学习不同于其他学科跨学科学习的根本差别仍在于它还是姓"语"，或是解决语文学科的问题，或是在解决其他问题过程中所要依靠的仍是语言文字的表达能力。因此，我们想要探索的是围绕语文学科的学习如何开展跨学科学习的问题。

(一)整体规范,结构化设计

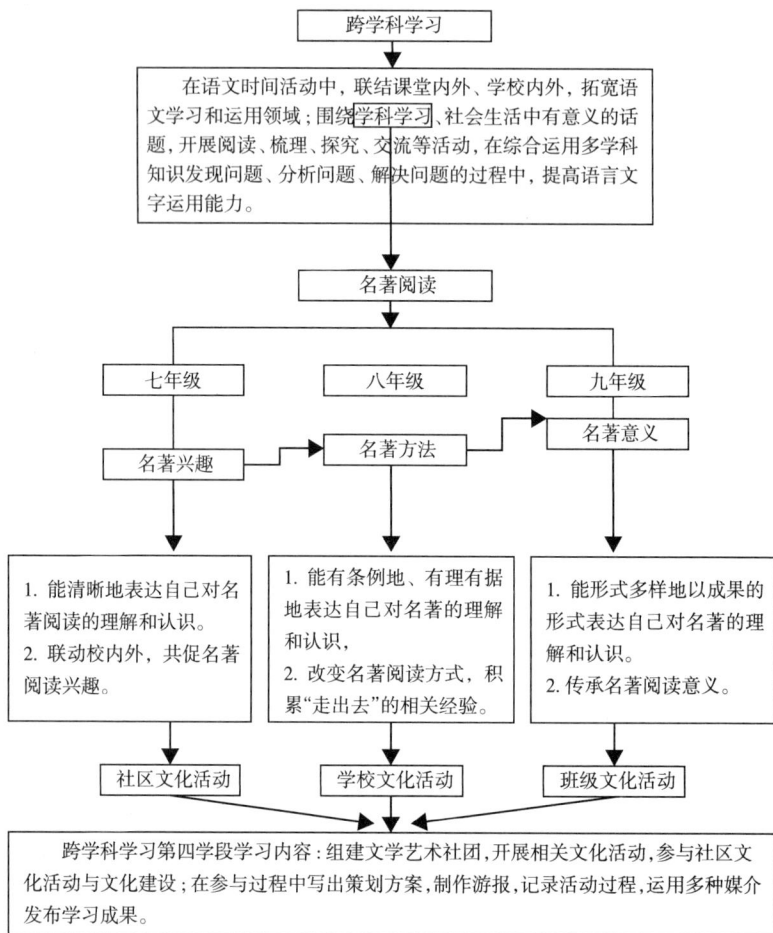

```
                    ┌─────────────┐
                    │  跨学科学习  │
                    └──────┬──────┘
                           ▼
┌──────────────────────────────────────────────────┐
│   在语文时间活动中,联结课堂内外、学校内外,拓宽语   │
│ 文学习和运用领域;围绕学科学习,社会生活中有意义的话 │
│ 题,开展阅读、梳理、探究、交流等活动,在综合运用多学科 │
│ 知识发现问题、分析问题、解决问题的过程中,提高语言文 │
│ 字运用能力。                                        │
└──────────────────────────────────────────────────┘
                           ▼
                    ┌─────────────┐
                    │   名著阅读   │
                    └──────┬──────┘
```

七年级	八年级	九年级
名著兴趣	名著方法	名著意义
1. 能清晰地表达自己对名著阅读的理解和认识。 2. 联动校内外,共促名著阅读兴趣。	1. 能有条例地、有理有据地表达自己对名著的理解和认识, 2. 改变名著阅读方式,积累"走出去"的相关经验。	1. 能形式多样地以成果的形式表达自己对名著的理解和认识。 2. 传承名著阅读意义。
社区文化活动	学校文化活动	班级文化活动

```
┌──────────────────────────────────────────────────┐
│    跨学科学习第四学段学习内容:组建文学艺术社团,开展相关文 │
│ 化活动,参与社区文化活动与文化建设;在参与过程中写出策划方案,制作游报,记录活动过程,运用多种媒介 │
│ 发布学习成果。                                      │
└──────────────────────────────────────────────────┘
```

图 4-9　跨学科学习

(二)七年级——创意设计乐分享,社区联动促阅读

根据七年级的学段特点,学生这个阶段的学习主要解决的是兴趣的问题。那么打破教室的壁垒,联结课内外,联通校内外,不仅可以有效地激发学生的学习兴趣,而且可以拓宽语文学习和运用领域。那么代筹老师围绕七年级下册部编本教材中的必读名著《骆驼祥子》,尝试如下的设计:

跨学科学习中的"名著阅读"		
年级	活动类型	学习目标
七年级	社区文化活动	1. 能清晰地表达自己对名著阅读的理解和认识 2. 联动校内外, 共促名著阅读兴趣

1. 社区调研, 分析社区居民名著阅读的现状及存在的问题
2. 参与社区文化建设, 为社区图书角设计海报, 为激发居民名著阅读出谋划策

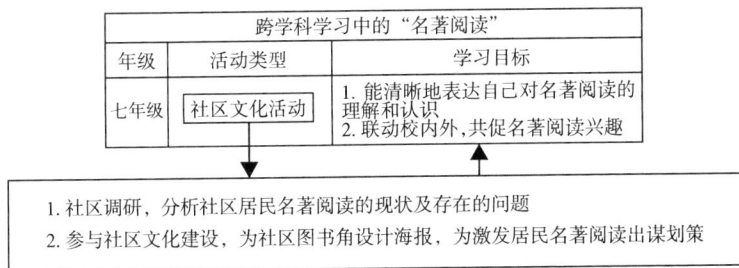

图 4-10 跨学科学习中的"名著阅读"

1. 以现实问题为契机, 与社区联动, 创设情境

跨学科学习的教学设计的出发点应出于实际需要或是现实问题、现实生活等。我们的语文到底对社会有怎样的意义, 我们能否为我们的语文寻找到更多当下的价值和意义。当语文学习超越了个人的范畴, 跨越了成绩的圈圈, 它会收获学生更多真心的喜欢。就名著阅读而言, 它不仅对学生, 对我们每个人都是非常必要的。"全民阅读"倡导至今, 虽说阅读设施、阅读氛围有了很大的改善, 但是名著阅读在每个人的生活中还是被忽视地存在。这一现实问题就是极具真实性的学习情境。

2. 以实际调研为推动, 与居民沟通, 把准问题

学生可以就所生活的社区进行名著阅读的调研。这样的活动使得学生走出课堂, 走出校园, 走入社区, 发放问卷, 完成调查。在这一过程中, 学生练习了与人沟通交流的能力, 然后再通过数学的思维和方法进行数据统计、整合, 再进一步归纳、总结, 就会较为清晰地了解居民名著阅读中存在的问题, 以便针对性地解决问题。这也是对于学生分析问题、解决问题一种方法的引领。

3. 以海报设计为任务, 与小组合作, 分享创意

教师再与社区联系, 参与社区图书室、图书角的建设, 设计名著相关的宣传册、海报等, 作为激发居民名著阅读兴趣的手段, 教师以此来设计任务, 为学生的名著阅读增添了一份责任感、使命感, 从而也强化了学生名著阅读的兴趣。

学生先进行海报设计的想法交流,有画对比图,揭示祥子命运的,有写推荐理由,介绍语言特色的,也有以情节设置悬念,激发阅读兴趣的等教师借鉴心理学科中的双面人画像,进一步激发学生的设计思维,学生以这种形式画一画祥子,学生可以更多地通过细节展现祥子的前后变化,如眉头、双眼的变化、衣着的变化、姿态的变化等。接着,学生为居民选择名著的版本,仅从封面的颜色、构图角度分析与名著内容的角度分析,站在居民的角度阐述理由,体现了交流的意识。最后,教师建议海报上还应体现名著阅读对我们生活的意义,这样才能激发更多的人阅读名著。学生有的想放 3D 立体的祥子,有的想放二维码,扫码后可以观看同名电影片段,或者扫码后做一个关于人生选择的问答征集,还有的学生想放手绘的胶卷,绘画内容是书中的经典片段等。

纵观整个活动,学生需要合作、讨论、交流,并在海报设计中运用美术的相关思维和技巧,发挥了想象力和创造力。自始至终,学生都是完成任务的主体,有思考的空间和展示的平台,并训练了自由表达的能力。就七年级学生而言,自由表达则是对语言文字运用的有力训练。当然,这一学习活动的设计也符合了名著阅读的一般规律,从整体到细节,从内容到意义,引导学生不断梳理自己对名著的阅读经验,让自己对于名著的认识不断清晰、细化,甚至深化。虽然名著阅读都是学习活动的内容,但从"整本书阅读"任务群的角度设计,还是从"跨学科学习"任务群的角度设计,跨学科学习的作用和目标还是有所不同的,仍以这节课为例,如下表:

表 4-24　跨学科学习作用以及具体学习目标

任务群	跨学科学习的作用	具体学习目标
整本书阅读	任务群中的学习支撑	1.通过梳理书中相关细节,把握祥子前后的变化 2.结合历史背景及书中重点情节,探究祥子变化的原因 3.体会《骆驼祥子》的阅读意义,通过绘画、短评、诗歌等形式表达出来

任务群	跨学科学习的作用	具体学习目标
跨学科学习	任务群中的学习内容	1. 协助社区进行名著推广的调研工作，发现居民阅读名著存在的问题 2. 学习海报设计选材、排版、样式等相关的知识和技巧 3. 小组合作，根据调研结果，为社区图书室设计名著宣传海报 4. 利用以往阅读经验，总结名著阅读方法，挖掘名著阅读意义

(三)八年级——读万卷书,行万里路

如果说七年级的跨学科学习主要针对学生阅读兴趣的培养,那么八年级的跨学科学习侧重引导学生进行阅读方式的改变,正如语文课标中所指出,跨学科学习"联结课堂内外、学校内外,拓宽语文学习和运用领域;围绕学科学习、社会生活中有意义的话题,展开阅读、梳理、探究、交流等活动",这里所包含的意思不仅是学习领域的拓宽,更有学习方式的转变,例如从被动的听讲到主动的实践,从"读书本"到"走出去",等等。围绕部编本教材八年级下册必读名著《红星照耀中国》,孙辛未老师设计如下活动:

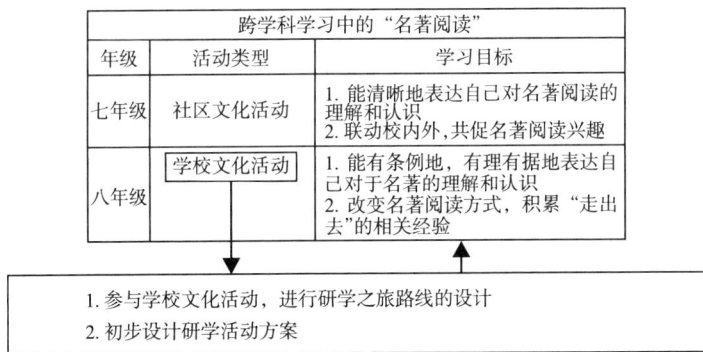

跨学科学习中的"名著阅读"		
年级	活动类型	学习目标
七年级	社区文化活动	1. 能清晰地表达自己对名著阅读的理解和认识 2. 联动校内外,共促名著阅读兴趣
八年级	学校文化活动	1. 能有条例地, 有理有据地表达自己对于名著的理解和认识 2. 改变名著阅读方式, 积累"走出去"的相关经验

1. 参与学校文化活动, 进行研学之旅路线的设计
2. 初步设计研学活动方案

图 4-11　阅读设计活动

1. 以节日、纪念日等重要日子为契机,与研学旅行联动,创设情境

2023 年是中国共产党成立 102 年,为庆祝建党 102 周年,学校将开展'忆百年征程'研学旅行活动。请八年级的同学根据《红星照耀中国》,制定

'重走长征路'研学方案。将名著阅读融入当下生活,学生能够更好地投入阅读,积极地完成学习活动。

2. 以研学设计为任务,与全班交流,积累经验

在上述情境下,教师组织学生进行研学方案的设计任务:选择长征途中具有特殊意义的地点,以"设计重走长征路研学方案"的形式,由小组推荐和介绍研学地点,完善研学方案,在研学活动中感受并传承革命精神。这一任务包含两个方面:一是研学地点的选择。小组课下根据《红星照耀中国》的阅读经验选择自己感兴趣的地点,然后分工合作查阅相关资料,交流探讨筛选、整理这些资料,再确定汇报的人数、形式等。这可以算得上一个需要体系的小工程。在这一工程中学生提取整合能力、沟通交流能力、组织协调能力、创意设计能力等都得到了一定的锻炼。二是研学方案的初步设计,这是小组活动的课上实践。在有限的时间内,各个小组快速整合信息,根据情境和现实条件选择并使用这些信息,是提取整合能力、沟通交流能力、组织协调能力等能力的现场运用。其中任务一融合历史、地理等学科知识,进行跨学科拓展学习,任务二联结课堂内外、学校内外,这两项任务其实都指向了语文学习方式的转变,我们可以从书本中学,更可以"走出去",正所谓读万卷书,行万里路。这两项任务为"走出去"的学习方式积累了一定的经验。

3. 以研学方案为形式,与小组合作,练习表达

小组汇报各自选择的研学地点时涉及地理位置、历史意义、自然景观、名著语段等内容,小组分工合作进行汇报,汇报的形式各不相同,有分版块按部就班介绍的,有从诗歌名句入手的,有用现在与过去对比的……汇报时选用的素材类型也各不相同,有文字加图片的,有文字、图片、视频的,等等。在这一过程中,学生根据交际需要,筛选资料,融入自己的语言,形成自己小组的汇报风格,达到了语言文字运用的目的,训练了有条理、有根据的表达能力。研学方案的制定为学生语言文字的运用提供了另一种模式,毕竟未来生活中语言文字运用的形式也是多种多样的。

（四）九年级——绘书传经典，赋诗颂青春

七年级跨学科学习可以聚焦学生的阅读兴趣，八年级引导学生改变阅读方式，九年级学生则可以在跨学科学习中深刻理解阅读的意义，把阅读变成一种习惯，并有意识将这种认识传递下去。解宝起老师的设计如下。

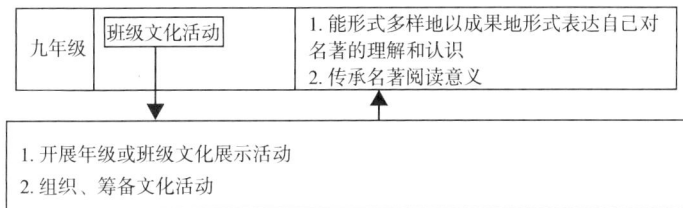

图 4-12　阅读设计活动

1. 以成长阶段为契机，与三年阅读生活联动，创设情境

九年级作为初中阶段的最后一年，无论学校还是班级，在这一年都会以各种形式的活动来纪念、告别初中生活，那么我们的名著阅读也即将告一段落，我们是否可以以名著为主角进行一场告别过去、展望未来的文化活动呢？特别是作为初中阶段的最高年级，自然肩负着传承名著阅读的责任。面对如此有意义的成长阶段，教师为即将毕业的学生创设了以多种形式重温名著、传承经典、展示才思、寄语未来的情境，设计了以名著阅读为根基，以绘画、短片和诗歌创作、朗诵为载体的综合实践和展示活动。如果这一文化活动能设一个有意义的主题，例如青春、奋斗、前方、希望等，那么这个活动的效果会进一步加强。

2. 以意义传承为目的，与师弟师妹对话，创意设计

三年的阅读时光，留下了许多的阅读成果，例如手抄报、读书笔记、观后感等。学生从其中选择最得意的作品，编辑成册，再辅以信息手段，制作成带有音乐背景的电子杂志，送给八年级的学弟学妹。当这样的电子杂志在活动中被播放，一个个作品宛如一把把钥匙，在音乐的流动中为学生打开记忆之门。那一部部名著，就是一串串成长的足迹，不断向学生印证着名著阅读原来也带给我们这样多的成就感和幸福感。

插画创作是有创意的点子。学生根据自己喜欢的名著创作插画,有的会侧重于色彩和构图来展现名著的内容和情绪,有的会从画风、色调等多幅插画展现名著的内容和意境,还有的会从线条、人物细节等来展现名著的味道,不仅有激发名著阅读兴趣的意图,更有引导后来者名著探究的意图。学生通过这一活动不仅展示了初中三年的美术功底,训练了对画作的鉴赏技巧,同时还彰显了名著阅读的功力,提高了阅读鉴赏的水平。

还有名著视频短片的创作,学生精心设计,费心筹备,用心表演,总能带给我们精彩的作品,让我们为他们惊人的想象力而赞叹。特别是拍摄道具的制作,可以充分训练学生的动手能力和创造能力。原来名著阅读也可以这样有趣、鲜活。

3. 以赋诗颂歌为任务,与自己对话,创意表达

告别过去,展望未来,学生心中难免会有一些情感激荡,会有一些迷茫无措。名著是最好的精神给养,给我们指引未来的方向。因此,教师引导学生结合阅读的名著创编或者创作诗歌,学生有的用快板说唱等曲艺形式,有的深情款款地朗诵,文艺才能也得到锻炼和展示。特别是学生自己创作的诗歌,不仅是初中阶段名著阅读成果,更是初中阶段学习并运用语言文字的精彩成果,是对初中阶段学习最好的告别,值得被永远珍藏。

后 记

　　小学时,一位语文老师唤醒了我的自信,让我变得开朗、积极、乐观,于是我深深地爱上了"教师"这一职业。那时起,我便立志要成为一名光荣的人民教师。带着这份热爱和坚定,我坚持读书,坚持动笔,坚持思考……在走上三尺讲台后,我更是坚持上学生喜欢的语文课,当学生喜爱的老师……

　　什么样的语文课,学生会更喜欢呢? 记得初登讲坛时,无论是怎样的懵懂和忙乱,儿时的经历总在提醒我,要尊重学生,了解学生之所需、所想,要让他们主动思考,乐于学习,于是我的课堂上学生的读书声、发言声总是此起彼伏。渐渐地,为了让学生的学习更有序、更有质,我在学校的指导和帮助下开始研究小组合作学习,探索"我质疑我发现"的教学模式。"三班小讲堂"的突发奇想更是一下子点燃了学生心中阅读的兴趣。每周十分钟的主讲时间,学生讲讲故事、说说见闻、播播新闻、谈谈兴趣……即使是小学生,他们的智慧和能量也不容忽视。学生的身上逐渐发生可喜的变化,我的教学逐渐形成自己的风格,也收获了不少的赞誉和奖项。

　　后来进入初中教学后,跟随学校的步伐,我和同组的李昕原老师、王春红老师,一起尝试扩大学生的阅读量,如双版教材同时推行、《读者(校园版)》进课堂、上好名著阅读课等,我们坚持"学生是阅读的主人",以多样灵动的阅读活动不断促进学生成为主动的阅读者。我们班的小讲堂也变身"非同讲堂",我的课堂也更加注重学生综合素养的发展,并逐渐形成课内与课外紧密联系的阅读课程体系。在这期间,各种比赛和展示的机会更是不断鞭策我成为一名研究型的语文教师。在成为初中语文教研员后,我继续带领区域青年教师进行阅读教学的相关研究,用心打造"三者课堂",正如《义务教育语文课程标准(2022 年版)》中"文学阅读与创意表达"第四学段的"教学提示"中提到"引导学生成长为主动的阅读者、积极的分享者和

有创意的表达者"。

工作十余年,我体验了不同的角色:小学语文教师、初中语文教师、初中语文教研员……无论是小学,还是初中,无论是教师,还是教研员,对语文教学的思考、研究、实践,细思之,无不围绕着"引导学生成长为主动的阅读者、积极的分享者和有创意的表达者"而努力。经验不断丰富,但贵在积累;思考不断深入,但贵在梳理;研究不断进行理念探寻,但贵在实践,特此有意编著此书。

这本书是我语文教学实践与研究阶段性的梳理与总结,还有一些不成熟的地方,例如有些教材梳理尚需准确、有些课标解读尚待商榷、有些例子尚要更新等,但我的确是为着语文教育教学而不断努力的,还请各位老师给予宽容和谅解。愿以我之"鄙陋"唤您深邃之思考,这已是我的荣幸。

此外,这本书之所以能完成,我必须要进行"感谢"!感谢不断给予我指导的专家们,赵福楼主任、龚占雨老师、张妍老师、各区县教研员等,感谢永远支持我的领导们,魏玉玲校长、武树峰校长、沈德辉主任、郑守江主任、刘补云老师等;感谢耐心教导我的师父们,刘凤坤老师、年四华老师、李素娴老师、李文梅老师等,感谢与我一同奋战的语文教学同仁们……总之,正是你们的指导、鼓励、帮助、支持,我才能披荆斩棘、不断奋进!

(张玲)